竹科四十 為年輕人說故事

30位產業人物分享精彩故事

潘文淵文教基金會　協辦

精彩人生啟航，一句話、一個故事
可能是一把鑰匙、一件神奇寶貝！

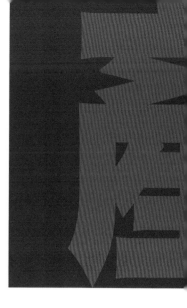

6 潘文淵文教基金會
無私為公、栽培年輕人
向潘文淵先生致敬

Contents （依姓氏筆劃順序）

竹科四十 為年輕人說故事

1980 ➡ 1990 ➡ 2000 ➡ 2010 ➡ 2020

產業人物 Wa-People 主筆
王麗娟

每個故事，都是一把鑰匙

2020 年，新冠肺炎衝擊全世界！這是一場需要每個人同心協力才能安度的世紀災難！臺灣能夠如常生活，產業能夠正常運作，宛如奇蹟！年輕的你，知道原因嗎？臺灣的產業實力與素養，可說是最大關鍵。

踏進產業之前，大部分的年輕人對產業面貌都是陌生的！許多大老闆在年輕時，對自己的未來，也和你一樣困惑！在竹科成立四十週年之際，我們邀請到 30 位精彩的產業人物，為年輕人說故事。希望透過這些故事，為大家勾勒產業面貌。這就是《竹科四十，為年輕人說故事》專刊的出版動機。

1998 年，竹科十八歲，我開始在竹科採訪產業新聞。在此之前十年，我在宏碁集團旗下的第三波文化，擔任電腦雜誌編輯。起先我騎著摩托車，靠著一張地圖，開始認識竹科一期、二期、三期。那時的我覺得很好奇，為什麼要東一塊、西一塊的開發呢？原來，政府決定設立科學園區，並選定新竹之後，一方面要協調國防部提供土地，同時還要向民間徵收土地，過程中，對於竹科竟然會如此快速成長，真是無法想像的！

2008 年，《產業人物》開始典藏產業人物故事的志業。這是我們在認識自己、認識產業之後，認為可以做出貢獻的方向。公司取名「宏津」，是感念宏碁對我的栽培，並希望能夠弘揚津津有味的產業故事，為年輕人的軟實力加分。

對的事堅持做下去，就能積點成線，織線成面。12 年來，我們持續努力，在《產業人物 Wa-People》網站報導產業動態、以 YouTube 頻道分享產業筆記、出版《產業人物》傳記，以及《產業人物》雜誌，感謝產業界的貴人與好朋友，時時給予支持、協助與指導。

2020 年，四十歲的竹科，在位於新竹、竹北、竹南、龍潭、銅鑼、宜蘭的六個基地，吸引五百多家公司進駐，十五萬

名從業人員，締造年產值新台幣一兆元以上。竹科的經驗，給了南科及中科很多參考與借鏡，也成了全世界看見臺灣的鮮明標竿。竹科的每一天，都在創新！

竹科從無到有，要感謝故總統蔣經國、故行政院政務委員李國鼎，故行政院長孫運璿，以及故國科會主委徐賢修的擘劃推動；竹科如今產值有七成來自半導體產業，回顧臺灣半導體產業從無到有，應永誌不忘潘文淵先生及胡定華先生的貢獻！

專刊中的每一位故事主角，都為竹科及台灣產業的成長，做出重要貢獻！如果年輕人在踏入產業之際有任何困惑，這些熱情又精彩的人物，都是你的貴人！

回想任務啟動後，我們遭遇很多挑戰。其中最大的一樁，是 8 月 24 日採訪途中出了車禍，主編李慧臻的手撓骨骨折，採訪車大修一個月。當我們遲到二小時後趕到順邦採訪吳非艱董事長，他說的故事，瞬間療癒了我們。採訪結束後，我們對於年底前要完成這本專刊，充滿信心！

我們相信，讀完本刊的你，一定可以獲得許多啟發！前人種樹，我們也要努力才能乘涼，同時也必須想想，如何造福後人！竹科的每一天都充滿挑戰，這裡天天上演著世界盃競賽，產業需要人才，也需要有人捍衛。歡迎充滿熱情、有理想的你加入！進入產業的地圖，我們幫你準備好了！

特別感謝：

潘文淵文教基金會、SEMI 高科技廠房設施委員會、台積創新館；羅達賢執行長、魏哲家總裁、謝錦銘前副所長、劉德音董事長、劉文雄院長、鄭竹明董事長、鄭日省董事長、彭双浪董事長、葉文冠主任、楊丁元董事長、程章林教授、陳琪君顧問、郭智輝董事長、莊子壽主席、張陸滿秘書長、郝挺董事長、馬嫣菲資深經理、洪誌宏董事長、徐秀蘭董事長、柯明道主任、姜信欽總經理、胡正大董事長、林錫銘董事長、林志明總經理、吳重雨董事長、吳非艱董事長、吳敏求董事長、宋栢安總經理、史欽泰董事長、江政龍博士（依姓氏筆劃順序）

無私為公、栽培年輕人

竹科四十 向潘文淵先生致敬

文：王麗娟
圖：潘文淵文教基金會

竹科成立四十週年，半導體產業如今發展成世界級規模，年輕朋友們一定要記得，潘文淵先生的偉大貢獻。沒有他，就沒有聯電、台積電、世界先進，以及臺灣蓬勃發展的半導體產業

潘文淵先生

潘文淵博士生平

經濟部長孫運璿（右）接見潘文淵先生

1912 七月十五日生於江蘇蘇州

1935 上海交通大學電機系畢業

1937 公費赴美國史丹福大學留學

1939 六月獲得史丹福大學工程學士學位

1940 九月獲得博士學位，任職美國麻省劍橋的電波放射實驗室

1945-1974 任職 RCA 公司的普林頓實驗室，研究超短波（UHF）技術，其間發表 100 篇科技論文，獲 30 項美國專利及 200 項國際專利

1958 美國無線電工程師（IRE 為 IEEE 前身）頒贈 Fellow

1961 美國 AAAS 頒贈 Fellow，紐約中國工程師學會頒贈傑出成就獎

1966 與費驊籌組「近代工程技術討論會（METS）」，同年六月，舉辦第一屆近代工程技術討論會

1968 受交通部部長孫運璿委託，為交通部及電信研究所組織顧問團，協助策劃技術研發方向

1973 七月工業技術研究院（工研院）成立

十月中國工程師學會理事長費驊邀集方賢齊與潘文淵討論國家科技發展方向，並決定朝電子業發展

潘文淵博士生平

1974 受電信總局邀請回國考察台灣電子工業

二月七日與經濟部長孫運璿、交通部長高玉樹、行政院秘書長費驊、電信總局局長方賢齊、工研院院長王兆振、交通部電信研究所所長康寶煌，在台北市南陽街 40 號（現址為美加補習班）小欣欣豆漿店開會，提出開發積體電路（IC）技術之建議

二月十一日，提出「計畫書及潘文淵建議要點」，由電信總局方賢齊局長及工研院院長王兆振聯名，呈送經濟部及交通部審核，孫、高兩位部長簽批：「同意積極辦理」

七月十日孫運璿部長宴請潘文淵夫婦、張光世次長夫婦、王兆振院長夫婦、方賢齊總局長夫婦、陳文魁技監夫婦，說服潘文淵夫婦：「籌組美洲技術顧問團（TAC），積極發展 IC 工業，並提前自 RCA 退休」

完成「積體電路計畫草案」，七月二十六日上呈經濟部長孫運璿

八月十七日孫運璿部長召集張光世次長、陳文魁技監、工業局韋永寧局長、王兆振院長、顧光復副院長、康寶煌所長、方賢齊總局長，討論計畫書並決定全部採納

八月二十一日獲聘為經濟部顧問

八月二十八日工研院董事會通過此案，並成立「電子工業研究發展中心」

九月十六日 潘文淵向 RCA 提出辭呈，提早退休，協助台灣發展積體電路技術，並提出「不作官、不受薪、 只收回台旅費及住宿費用、每年回台三次、每次停留兩個月」等三原則。在美國期間則連絡顧問團的工作

十月二十六日召開第一次 TAC 會議，孫運璿親自赴美參加

1975 二月向十四家美國著名半導體製造廠商發出合作邀請書，有七家公司提出完整企畫書

十一月說服 RCA 以 350 萬美金較低的價錢技術移轉工研院，通過 RCA 為合作對象，其中涵蓋代訓 330 人次電路設計、光罩製作、晶圓製作、封裝、測試、應用與生產管理等人才

1976 三月五日與 RCA 簽訂「積體電路技術移轉授權合約」

四月二十二日孫部長召見出國受訓人員，一一握手，囑咐「只許成功，不許失敗」，五月，第一批種子部隊赴美踏上訓練旅程

1977 五月完成三百人日在 RCA 的訓練，擔任建廠、裝機、試車、訓練等工作，示範工廠十月二十九日落成；十二月十六日製成第一片積體電路

1978 方賢齊接任工業技術研究院院長

1979 電子所積體電路技術計畫移轉民間，協助「聯華電子」籌組建廠

1982 開始「超大型積體電路研究」

1985 張忠謀接任工業技術研究院院長，潘文淵繼續領導顧問團協助開發研究工作

1987 完成超大型積體電路案，衍生「台灣積體電路公司」，進行「次微米製程技術計畫」

1993 獲交通大學頒贈名譽博士學位及傑出校友

1994 「次微米製程技術計畫」衍生「世界先進半導體公司」

1995 一月三日病逝美國，享年 83 歲

十月四日獲李登輝總統頒贈褒揚令

資料來源：潘文淵文教基金會

胡定華博士（1943~2019）是台灣半導體產業重要功臣

向胡定華先生致敬
接受挑戰　當仁不讓

文：《產業人物 Wa-People》
圖：蔡鴻謀、工研院電子所

智慧幽默、執行力超強，嚴肅卻很尊重人，
對說官話的人直言喊停，欣賞並樂於投資創新，
許多人推崇，他是台灣半導體產業的第一功臣

經濟部一等獎章

2020 年是竹科成立四十周年，竹科總體產值的七成來自半導體，台灣能夠從四十年前的加工出口區，發展到如今的世界半導體領先地位，曾任工研院副院長、電子所所長的建邦創投董事長胡定華（1943~2019）有很大的功勞。

2006 年 6 月，經濟部特別頒發「一等經濟獎章」給胡定華，表彰他 1976 年率工研院團隊執行「積體電路技術移轉計畫」，成功引進美國 RCA 公司半導體技術，建立台灣第一座晶圓示範工廠，培育半導體人才，並奠定台灣半導體產業發展根基，對國家經濟做出卓越貢獻。

胡定華生於四川成都，祖籍湖北，1948 年隨父親到台灣時，他才五歲。他的求學之路順利，台大電機系、交大電子研究所畢業後，1970 年取得美國密蘇里大學電機博士學位。美國歸來，1970 到 1974 年間，胡定華成家，並有了一女一男。四年期間，他受聘擔任交大電子系教授、系主任，並兼任半導體中心主任。

1977 年，潘文淵博士（後排右一）、胡定華（前排右一）、楊丁元（後排右二）、史欽泰（後排左二）

毛遂自薦　當仁不讓

1974 年 2 月 7 日，有七位重要人士在「小欣欣豆漿店」早餐會報，聽取海外專家，美國 RCA 研究室主任潘文淵，提出他花了兩星期走訪台灣工業後的評估報告。那時的台灣，外匯收入主要來自加工出口區，面對石油危機，以及國際地位孤立，讓政府苦思對策。

潘文淵認為台灣政府應該投下資源，協助產業升級，並建議發展積體電路（IC）產業，從美

國引進技術，生產電子錶用的 IC 做為開始。他的提議馬上獲得經濟部部長孫運璿的支持，要做多大的投資呢？當天就決定了 1,000 萬美元。

7月，當潘文淵再度返國，準備利用十天時間在圓山飯店撰寫「積體電路計畫草案」，這時，滿懷熱情的胡定華，給從未謀面的潘文淵打了電話，說明自己願意參加這個計畫。草案在 22 日終於完成，雖然前景如何仍未可知，但當時不到三十二歲的胡定華認為，這就是「年輕人願意接受挑戰，當仁不讓的一個精神」。（註1）

1974 年胡定華正式加入工研院，並擔任新成立的「電子工業研究中心副主任」。緊接著，工研院邀請許多海外學者專家成立「電子技術顧問委員會」（TAC）並聘請潘文淵博士擔任召集人。

1974 年 9 月 1 日，經濟部設立了一個「電子工業諮詢小組」，受聘專家包括施敏、杜俊元、馬賓農、何宜慈及胡定華。1976 年，經濟部又設立「發展積體電路計畫工作小組」，由方賢齊及陳文魁擔任正、副召集人，五名委員為何宜慈、潘文淵、馬賓農、施敏及杜俊元，任務是分析並做出建議，台灣到底該不該發展 IC 產業。可見當時經濟部長孫運璿對整件事仔細推敲的程度。

運籌帷幄　支持創新

國家的經費有限，但「幫助台灣產業升級」的目標卻一定要達成。技術要從哪裡引進呢？從 TAC 開始接洽三十家、選出十四家，到最後

2001 年，積體電路技術引進 25 週年，孫運璿先生蒞臨竹科
（照片：程章林提供）

2006 年，經濟部頒發胡定華一等經濟獎章

七選一時，胡定華做了一張比較表，作為討論小組成員的篩選考量。期間，任職於美國貝爾實驗室的施敏博士，還被孫運璿部長特別找去單獨諮詢了一番，施敏為孫運璿分析 CMOS 技術最大的優點就是省電，這也是最後選擇 RCA 的關鍵。（註2）

1976 年 3 月 5 日，經濟部長孫運璿獨排眾議，工研院與美國 RCA 簽訂了技術移轉合約，從此，胡定華扛起重責大任，在派員前往美國受訓的同時，工研院這邊要興建示範工廠，驗證生產流程，作為未來將技術移轉給民間的基地。

2006 年，潘文淵夫人與胡定華博士
（照片：程章林提供）

永遠的好朋友，前排左起楊丁元、史欽泰、胡定華、曾繁城，後左二徐爵民、後右一羅達賢

高科技廠房設施委員會秘書長暨臺灣大學及美國普渡大學名譽教授張陸滿表示，當年他自成大畢業後進入工研院，那時工研院還在整地。胡定華把本想離職的他留下來蓋積體電路的示範工廠，他推崇胡定華具有企業家精神，熱情奔放、就事論事、做事有衝勁。

1979 年，胡定華擔任電子所（ERSO）所長，不但堅持示範工廠每周量產四千片晶圓，同時還訓練了管理、會計、銷售及市場行銷人員，這是真正讓整個團隊具有商業化體質與競爭力的關鍵，也是研究單位中，極為罕見的。

從電子錶 IC、音樂卡 IC、到電話撥號 IC，胡定華主持的 IC 計畫獲得很大成功，不僅僅是技術上能夠製造出來，而且在市場上能夠成功銷售，並創造 21~25% 的獲利。有了獲利的把握後，胡定華就向經濟部報告，在工研院院長方賢齊打電話開路後，胡定華就一家一家去談募資入股。1980 年，聯華電子（聯電）從工研院衍生創立時，資本額新台幣 3.6 億元。

創新的文化

胡定華將電子所打造出創新、開放、自主的文化。整個工研院員工四千兩百名，電子所就佔一千八百名。1984 年 11 月，胡定華從電子所所長升任工研院副院長，許多人都看好，他很快就會升為工研院院長。結果，1985 年 8 月 20 日，張忠謀到任，成為工研院第三任院長。

接著，胡定華又協助台積電籌募資金。1987 年 2 月，以美元對新台幣匯率 1:38 計算，台積電初創時資本額新台幣 55.1 億元，（包括政府投資 26.6 億元、荷蘭飛利浦 15.2 億元、民間投資 13.3 億元），裡面有胡定華長達十八個月的的奔波。

緊接在聯電與台積電之後，楊丁元也找到了華新麗華集團的投資，並率領示範工廠的同仁離開工研院，於 1987 年 9 月成立華邦。華邦提供電子所權利金三千萬元，創下工研院的紀錄。1988 年 4 月，胡定華決定離開工研院，投入創業投資行列，曾擔任旺宏、合勤的董事長多年，並在覺得公司穩定後辭去董事長職務。

胡定華於 2019 年 7 月 11 日清晨於睡夢中辭世。旺宏董事長吳敏求說，胡定華「從無到有建立了台灣的積體電路工業，是最重要的功臣，他是半導體界的第一人」。胡定華投資了許多新創公司，晶心科技總經理林志明說，該公司讓台灣半導體「從無心到有心」，可說都是胡定華一手催生出來的。在很多人心目中，胡定華不但是一位導師、產業推手、科技人、創業家、更是一位新創企業的育成者。

（註 1：「胡定華創新行傳」第 78 頁，作者吳淑敏）
（註 2：「施敏與數位時代的故事」第 223 頁，作者王麗娟）

Wa-People

竹科書法展
科技人文一茶一墨

文：《產業人物 Wa-People》　圖：晶元光電、李慧臻

2020 年，竹科心靈饗宴
科技與人文交會，筆墨與藝術融合

潘文淵文教基金會董事長史欽泰表示，胡定華（1943~2019）是台灣半導體產業萌芽期的重要人物，尤其聯電、台積電的誕生，他是最重要的關鍵人物。近年喜愛書法，且樂在其中的他，2016 年舉辦個人書法展，收錄孫運璿先生「做事不要先講不行，先講非成不可，然後想怎樣做」等語錄。今年 8 至 9 月間，以論語為主題的「一茶一墨」書友聯展在晶元光電總部舉行，史欽泰與許多科技人的作品共同展出，為竹科帶來濃厚的人文氣息。

書法家羅際鴻是聯展書友們的指導老師，從昔日擔任中國時報記者，到如今成為書法藝術的推廣者，羅際鴻表示，史欽泰給了他極大的鼓舞力量。

竹科四十週年，書法家羅際鴻（前排中）率學生舉行「一茶一墨」書友聯展，史欽泰、林清祥、許金榮、林志明等科技界人士都有作品參展，前排右三為晶元光電董事長李秉傑

2016 年 12 月，史欽泰（中）於清華大學舉辦「抒寫來時路」個人書法展，昔日工研院電子所部屬，台積電副董事長曾繁城（左）送來一方墨寶鈐印，讓他相當開心

史欽泰書法作品：宋代朱熹觀書有感

史欽泰的書法作品「釣而不綱，弋不射宿」，取自論語，描述用釣竿而不撒網捕魚、箭不射夜宿鳥，世間萬物皆取之有道，完全呼應今日生態資源永續發展的概念

書法家羅際鴻積極推廣書法之美，他於「一茶一墨」書友聯展中發表感言時，正巧站在晶元光電董事長李秉傑夫人的作品前

Wa-People

宇宙獨一無二的存在
竹科四十　生日快樂

文：《產業人物 Wa-People》
圖：蔡鴻謀、洪琪雯

2020 年元月，科技部新竹科學園區管理局舉辦揭牌，
並宣告「新竹科學工業園區」經修法正名為「新竹科學園區」，
朝向科學創新與前瞻技術整合發展加值，繼續邁進

科學創新與前瞻技術

1980 年 12 月 15 日，總統蔣經國先生到新竹為「科學工業園區」揭幕，四十年來「竹科」是大家對園區最親切的簡稱。2020 年 10 月，竹科核准進駐廠商五百八十二家，近三年年營業額均突破新台幣兆元規模，2019 年營業額為一兆九百一十六億元。

2020 年 1 月 14 日，科技部新竹科學園區管理局局長王永壯主持竹科新名字「新竹科學園區」的揭牌典禮。他指出，「科學園區設置管理條例」通過刪除原來名稱中的「工業」二字，最重要在於宣示竹科不再只以工業生產為目的，而是以科學創新與前瞻技術整合發展加值為未來前進的方向。

六個衛星園區

孫運璿、李國鼎、徐賢修這三位重要人物，是當年創建竹科時最重要的推手。

為了竹科用地，孫運璿先生除了向國防部協調取得軍方土地外，由於國科會還沒有編列預算，因此孫運璿就讓經濟

部所屬的工業局，先借墊一億元來收購民間土地。他更花了兩年多時間説服立法院，推動工研院（ITRI）的成立，同時諮詢許多學者及專家顧問的意見，把向美國學習半導體技術的大計畫，委託給潘文淵先生及工研院「電子工業研究中心」。這就是後來衍生聯電、台積電、世界先進、台灣光罩等公司進駐竹科的開端。

1976 年，李國鼎先生被蔣經國總統任命為「應用科技研究發展小組」召集人，同時也是行政院政務委員的他，於隔年到美國矽谷參觀，並會晤了「矽谷之父」杜曼博士 Frederick Terman 後，想起新竹有清大、交大、工研院，

竹科管理局大樓

資料來源：科技部
製圖：《產業人物 Wa-People》

龍潭園區107

新竹生醫園區38

新竹科學園區
1,375 公頃

新竹園區686

宜蘭園區71

竹南園區123

銅鑼園區350

中部科學園區
1,708 公頃

后里園區256

台中園區466

二林園區631
(開發或規畫中)

中興新村高等研究區259
(開發或規畫中)

虎尾園區96

南部科學園區
1,613 公頃

台南園區1,043

高雄園區570

竹科誕生的故事

年份	產業大事
1971	世界金融危機 戰後重建、美國援助
1972	糧食危機、工業國家經濟停滯、台灣受到很大衝擊，物價高漲而經濟成長遲緩 靠著手提公事包全球找訂單，以及加工出口區，台灣出口成績亮麗。全民經濟邁向小康，國民平均年所得達 480 美元
1973	10 月，中東再度發生戰爭、世界石油危機 經濟部長孫運璿推動聯合工業研究所、金屬工業研究所、礦業研究所合併，財團法人「工研院」成立
1974	「十大建設」啟動（1974～1979） 9 月 1 日「工研院電子工業研究中心」成立 10 月工研院美洲技術顧問團（TAC）成立
1976	5 月，行政院長蔣經國指示：「我國現階段經濟的方向應以引進新技術，發展高級及精密工業為主，改變過去以勞力為主的經濟型態。」 11 月，行政院成立「應用科技研究發展小組」，由行政院政務委員李國鼎擔任召集人，聯繫跨部會推動發展科技
1977	李國鼎赴美訪問，希望找到發展台灣高科技產業之途徑。在參觀了矽谷、會晤了矽谷之父杜曼博士 Frederick Terman 後，腦海中孕育了在新竹設立科學工業園區的構想。3 月，國科會主任徐賢修推動成立「園區規劃小組」
1978	孫運璿協調經濟部所屬工業局，借墊一億元給竹科，作為土地收購之用 孫運璿由經濟部部長升任為行政院院長
1979	3 月 1 日「竹科管理局」籌備處成立 5 月頒布「科學技術發展方案」責成國科會主辦，全力推動園區籌設
1980	5 月 1 日「聯華電子」自工研院電子所衍生成立 9 月 1 日「科學工業園區管理局」成立 12 月 15 日「科學工業園區」正式開幕

整理製表：《產業人物 Wa-People》

腦海中隨即孕育了在新竹設立科學工業園區的構想。李國鼎將他的構想與國科會主委徐賢修分享，徐賢修大表贊同並馬上推動成立「園區規劃小組」。

徐賢修不久就啟程到美國，大力宣傳台灣在人才、成本及地理位置等優勢，並積極邀請許多大公司投資台灣。1977~1979 年，徐賢修

竹科管理局歷任局長

歷任	姓名	就任	卸任
1	何宜慈	1980 年 12 月	1984 年 6 月
2	李卓顯	1984 年 6 月	1989 年 11 月
3	薛香川	1989 年 11 月	1996 年 7 月
4	王弓	1996 年 7 月	1999 年 12 月
5	黃文雄	1999 年 12 月	2001 年 7 月
6	李界木	2001 年 7 月	2006 年 10 月
7	黃得瑞	2006 年 10 月	2008 年 5 月
8	顏宗明	2008 年 5 月	2014 年 3 月
9	杜啟祥（代理）	2014 年 3 月	2014 年 9 月
9	杜啟祥	2014 年 9 月	2016 年 7 月
10	王永壯	2016 年 7 月	現任

整理製表：《產業人物 Wa-People》

馬不停蹄走訪了八、九十家公司，1980 年底竹科開幕時，共有十四家廠商核准進駐，總投資金額為新台幣 12.4 億元。

徵收土地　最難的任務

竹科管理局第三任局長薛香川，包括三年副局長任期，在竹科任職達十年。期間，他認為竹科三期的土地徵收，是他「最辛苦、也最痛苦的一件事」。

原本竹科三期土地的徵收，從第二任局長李卓顯就已經進行準備作業，但實際開始徵收，則是來到薛香川任內。經過多方努力協調，最後終於完成新竹市地 200 公頃，而放棄了新竹縣地 320 公頃的徵收。

其後，苗栗縣政府送來竹南、銅鑼、後龍等三塊土地給竹科管理局評估，結果，因為後龍的地方人士不同意土地被徵收，因此有竹南、銅鑼兩個基地出線，加入了竹科的範疇。

當年竹科開始徵收土地時，係以公告地價

交通大學博愛校區

清華大學

竹科年產值突破兆元

竹科、中科、南科		2019 全年	2020 年 1－8 月
新竹科學園區	新竹園區	9,835.59	7,142.75
	竹南園區	524.04	287.79
	龍潭園區	456.33	287.31
	新竹生醫園區	5.33	2.82
	銅鑼園區	92.56	70.27
	宜蘭園區	2.62	2.11
	小計（新台幣億元）	**10,916.46**	**7,793.05**
中部科學園區	台中園區	6,503.69	5,217.45
	虎尾園區	109.84	62.21
	后里園區	1,340.68	754.62
	二林園區	7.58	4.16
	中興園區	10.53	7.87
	小計（新台幣億元）	**7,972.32**	**6,046.31**
南部科學園區	台南園區	6,865.23	4,841.29
	高雄園區	567.13	356.23
	小計（新台幣億元）	**7,432.36**	**5,197.53**

資料來源：科技部
整理製表：《產業人物 Wa-People》

為準，跟市價差很多，因此地主大力抗爭，不但提著棍棒，甚至還丟擲石塊與糞便，讓當時負責溝通協調的新竹縣長林保仁飽受屈辱與驚嚇，吃了很多苦頭。

如今，竹科擁有六個衛星園區，包括「新竹科學園區」、「竹南科學園區」、「銅鑼科學園區」、「龍潭科學園區」、「宜蘭科學園區」與位於竹北的「新竹生物醫學園區」，總開發面積 1,375 公頃。而竹科的許多經驗，成了 1997 年設立的南部科學園區（南科）及 2003 年設立的中部科學園區（中科）的重要基礎。

效率、紀律、科技力

1987 年，竹科在開幕七年後，從業人員突破萬人。1996 年突破 5 萬，2004 年突破 10 萬，2012 年首次突破 15 萬人。

2020 年，竹科 15 萬 2,250 位從業人員，是台灣非常重要的經濟貢獻者。新冠肺炎疫情以來，竹科以科技力、高效率、高紀律，持續推動產業前進。2020 年前 8 個月營業額達 7,793.05 億元，比 2019 年同期成長了 10.9%，堪稱全球奇蹟。

此外，由新竹市政府、科技部及竹科管理局攜手合作推動的「竹科 X」產業園區計畫也將與竹科緊密連結。該園區計畫興建三棟研發大樓，預計 2021 年動工，計畫引進研發設計、資訊軟體、服務、軟硬整合及智慧應用等行業，第一棟軟體大樓預計 2024 年完工，提供廠商進駐。

Wa-People

2016 年 TIARA 成立記者會，左起 TSIA 專案執秘／顧問游啟聰、
TIARA 執行長暨青研論壇創辦人江政龍、先進車系統總經理許長豐

夢想在電晶體之間
科技轉動世界

文／圖：江政龍

● 匯集產學研發能量、前瞻技術、高階人才
● 持續助攻台灣半導體領先優勢
● 年輕人的夢想，就在電晶體之間醞釀

電子晶片新科技引擎

　　1958 年，傑克‧基爾比（Jack Kilby）以半導體材料成功開發出世界第一個積體電路（IC）後，開啟了數位化、電子控制及電腦運算的探索與後續發展。隨著微小精密的製程技術持續

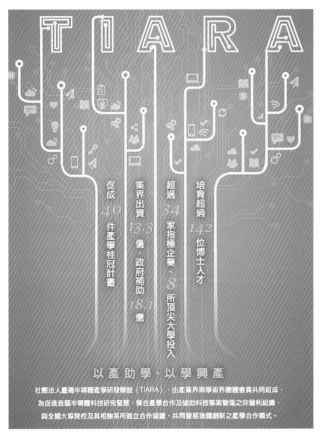

TIARA 強調以產助學、以學興產的永續循環

推出，讓 IC 及電子系統不斷微縮，人類因此可以將 IC 裝置於精密的電腦及太空梭上，實現登月的偉大夢想，開啟人類視野進化。

　　時至今日，電子晶片已經由微米（百萬分之一米）進入奈米（微米的千分之一倍）階段，人類的工作與生活當中幾乎無時不刻都在使用著電子系統產品。2018 年，筆者任職於國家實驗研究院國家晶片系統設計中心（CIC），規劃與執行「積體電路發明六十週年」（IC60 - I see the future）一系列活動，從科普的角度出發，帶領社會民眾一窺積體電路的知識，了解對臺灣經濟及國家地位有著極重要角色的半導體產業，更重要的是希望在超過二十幾種不同類型的活動中（包含徵文比賽、科普漫畫、特展、演講、論壇、廣播及電視節目等），可以觸及社會各年齡層，了解科技是世界改變的力量，並啟發年輕一代，用專注的態度及神聖的使命感，未來投入科學研究、科學教育或推動科學普及的工作。

臺灣半導體產業耀眼成績

　　今日臺灣科技小島所造就舉世知名的半導體產業盛況，最初的開端同樣也是因為有一群熱血、當時年紀不到 30 歲的年輕人，在 1974

年前後陸續前往積體電路發明國－美國取經所學得而來的，時任經濟部長的孫運璿先生、「積體電路計畫」起草人潘文淵先生、RCA 積體電路移轉計畫主持人胡定華、RCA 取經團團長楊丁元，以及團員包含：曹興誠、史欽泰、蔡明介、曾繁城、謝錦銘、王國肇等，後來不論在產官學研各界都享譽盛名且成就非凡。

2018 年 9 月的「IC60 大師論壇」上，史欽泰先生回憶道：當時我們都十分興奮，把一天當三天用，想趕快把這項計畫帶回國，對國家的產業轉型發揮貢獻。

四十多年來政府用政策，在建立示範場域（工研院）、技術研發補助、產業聚落環境（科學園區），以及人才培育（矽島計畫）的完整規劃下，今日臺灣半導體年產值已趨新臺幣三兆元，為我國最重要的經濟支柱。甚至在今年（2020）全球遭遇新冠肺炎（Covid-19）影響下，仍讓臺灣耀眼世界，科技力儼然成為臺灣的代名詞。回想這些令人敬佩的先進們，四十多年前的年輕小夥子們用他們的使命感，對臺灣的貢獻真是影響深遠。

2019 年創辦第一屆青研論壇，左起 TSIA 專案執秘／顧問游啟聰、TWIOTA 秘書長張笠、TIARA 理事長詹益仁、清華大學講座教授徐爵民、科技部部長陳良基、TCA 理事長童子賢、台灣半導體研究中心主任葉文冠、瑞昱半導體副總葉達勳、科技部半導體射月計畫主持人／中興大學教授張振豪

年輕學子參觀台積創新館

年輕學子參觀聯發科

科研人才是根本

偉大的科技突破，科研人才是根本，由一個或一群非常專注從事科技研發的人，在無數次的推論、實驗、創新後才能產出甚至在當下他們都無法預期會對後世發揮重大影響的發現。這些人都經過科學知識的洗鍊、研究方法的訓練，更重要的是他們往往具備專心一致的特質與全力以赴的決心。臺灣是個海島小國，在地市場小不利規模經濟，能推動到世界的知識經濟，才是我國競爭力最值得投資的方向。以半導體領域而言，過去數十年，從最初的積體電路計畫、次微米計畫、矽島計畫、晶片系統國家型科技計畫、奈米國家型科技計畫、智慧電子國家型科技計畫，這些由政府推動、具高瞻遠見的國家型科技發展策略，培育了無數頂尖的科研人才，讓臺灣半導體產業在這個科技小

島上,卻造就世界第二的經濟奇蹟。

筆者很榮幸參與前述幾個計畫的推動與執行,並見證半導體科研人才學以致用,平均每10人就至少有7人在碩博士畢業後,直接投入半導體與電子產業服務,這還不包含至研究法人或政府科技相關單位服務的人數,顯見半導體人才的投資回報相當成功。

產學共同培育科研人才

臺灣資通訊、電子資訊、半導體等科技領域中,產官學研分工合作的研發人才,可說是相當獨特的社群,彷彿有一種獨特語言,只有從事在其中的夥伴能極高效率的溝通,並且深知產業、學術真切實際的需求與藍圖,而科學園區正是這個社群最重要的聚落。

2016年,台灣半導體產業協會(TSIA)、智慧電子國家型科技計畫(NPIE)及奈米國家型科技計畫(NPNT)共同創辦「臺灣半導體產業研發聯盟」(TIARA),筆者很榮幸參與協助。TIARA有兩大任務,一是推動符合時勢的創新產學合作機制;二是培育後摩爾時代的高階、博士級研發人才。

TIARA配合科技部,自106年度起推動「產學研發聯盟合作計畫」(Academia-Industry Research Alliance Project,簡稱REAL計畫),共吸引業界與政府共同投入約新臺幣3.2億元、促成54件產學合作研發計畫、培育超過40位博士級科研人才,並創造新增產值逾30億元。

近二年來,產業界與學術界同聲關切我國半導體人才缺口的寧靜危機,2019年TIARA與台北市電腦公會(TCA)再開創半導體科研青年論壇「青研論壇」(YST Forum),希望以十年磨一劍的毅力,增進年經世代為科技的認識,

鼓舞有興趣的年輕學子投入科研、科教或科普工作,基於臺灣已具極大優勢的半導體科技實力,創造下一個科技重要發明或應用,為做為地球公民盡一己之力。

青研論壇為期十年

TIARA與TCA合辦的「青研論壇」為期十年,每年年底與推動臺灣資訊化具有悠久歷史的「資訊月」合作舉辦年度大會,並發展出科技CEO校園巡迴演講「CEO Talks!」、「青研小聚YST Meetup!」、TechDAY／TechCAMP等

筆者參與國家型計畫代表團至法國參訪 ST Microelectronics

活動,期待聚合半導體社群與各方支持,鼓勵年經人「以科技力守護現在、打造未來」。

科技的力量無遠弗屆,我們所生存的地球目前以人類文明為中心,人類文明受科技突破而改變。然而,地球上仍有其他生物及自然的存在,科技雖然是由人們所創造,但不會只為了人類而服務。青研論壇期待號召各領域的年輕人了解科技、善用科技來解決全球面臨的挑戰,並激發代代年輕人為國家、社會及世界永續發展的使命感。

TIARA: www.tiara.org.tw
青研論壇:www.ystforum.net

Wa-People

主動積極，創新突破
先進凸塊封裝專家

文：吳非覬
圖：吳非覬、古榮豐

籃球之領悟

高中、大學時期，唸了台灣兩所頂尖學府，建國中學、台灣大學。讀書時期專研學業並非生活全部的重心，熱愛運動的我，將許多的時間與精力投注在籃球、游泳、手球等運動項目上。學校畢業後一直保持對籃球的熱情，致近年仍會偶爾到球場上去過過乾癮。經由多年對籃球的投入，也由其中領悟出團隊合作的重要性。一個籃球隊有十二名球員，一次上場五人，各司五個位置的角色，五人為先發球員，其餘七人則為候補。

進攻時，由控球後衛啟動教練擬定的戰術，所有球員依既定戰術，有的跑位、有的卡位、有的傳球，最後營造出設定好的得分的機會。過程中也會有突發狀況，球員依其臨場經驗伺機因應。得分是進攻的目的，但是每次進攻只有一位球員能得分，需經由五位球員通力合作，才能製造出最佳的得分機會，這就叫團隊合作。當球在你手上且有一個中長距離的投籃機會，但又看到另一隊友在籃下有個無人防守的大空檔，此時無私的將球傳給機會更好的隊友，才是團隊應有的精神。助攻的貢獻與得分是一樣的！

防守時，五位球員各司其所，通力阻止對手得分。一位球員的懶散，就會給予對方得分的機會；隊友防守不及，立即要有人補位；對手投球不進，有人負責搶籃板，有人卡位不讓對方球員靠近籃框。成功的防守等同成功的進攻！

後補球員也是責任重大，替換上場非但提供主力球員休息的時間，上了場你就是主力球員，攻守皆會左右比賽最後的結果！

每位球員的表現可以顯現在得分、傳球助攻、卡位助攻、搶籃板、防止對手搶籃板、抄截、蓋火鍋、打亂對方進攻策略等等，上場可以做的事情太多了，五位上場通力合作，完成贏球的目的，是謂團隊精神！

如果每一位球員都以個人表現為優先，球隊一定常常輸球。如果每一位球員都以球隊為第一，球隊必定常常贏球。球隊贏球是所有球員共同努力的成果，公司運作的基本道理是一樣的！公司治理如同籃球比賽，非但每個部門

打籃球讓我對團隊合作多所領悟

頎邦科技董事長吳非艱

要能各司其職掌，需要時無私的挺身而出，協助其他部門以達成公司的目標。同仁之間不要爭功諉過、部門間要通力合作，這才是好的團隊、這才是團隊精神！

旅美歷練

年輕時對未來充滿著期許，同時也充滿著徬徨。美國研究所畢業後，在當時全球第二大電腦公司迪吉多找到了人生第一份正式的工作，職位是「工程師-II」。到職後我才發覺，工程師-II 的下一步為晉升至工程師-I，再下一步才

▼初次創業，我在美國與朋友籌組了一家半導體設備公司 -MRSI

▲ 1997 年 4 月終於進駐竹科
▼太座於頎邦創業初期贈送的對聯，「樂觀、堅毅」

是成為工程師，當時心中有些納悶，但也沒太在意。到職初期，沒有主管指派任務給我，也沒有人告訴我該做些什麼，每天只好利用公司的學習平台學點東西，偶爾也會被邀請去開會。雖然每天工作輕鬆，但心中也很空虛。三個月後實在閒的無聊，帶著疑惑去請教我的主管
我問主管：「請問您為何聘用我？我可以為公司做什麼？」
主管：「面試時，我觀察到你思路清晰，對所

學的東西充滿著熱忱，所以錄取了你。你我所學領域不同，你能為公司做些什麼，那是要靠你自己去探討的議題。」

從那天起，我開始主動的去了解公司的產品及所面對的困難，進而積極的思考提出解決方案。經由溝通討論的過程，也讓主管、同仁們知道我可以如何協助他們解決問題。接下來的二年，我由工程師-II 一路晉升至經理，並成為當時迪吉多一個重要開發項目的計劃主持人。這段經歷過程讓我了解到，主動積極乃成功者最重要的特質，也深深體會到升遷之道並非強求，而是水到渠成。

第一份工作任職近五年後，我在美國與朋友籌組了一家半導體設備公司-MRSI，我是擔負技術開發及市場行銷的任務。在高科技的領域中市場需求千變萬化，也因而衍生出不少新的機會，但是很多公司都會看到這些相同的機會，因此激烈的競爭是無法避免的。這家公司成立初期極為艱辛，每個產品的開發過程中，我皆努力思考如何設計出差異化的產品以擺脫競爭對手，以創新的思維，開發出突破性的產品。在這家公司工作共十年，在我離開回台時，有數個產品已成為當時業界之標竿。這十年之經歷告訴我，創新突破是高科技領域成功的不二法則。

因籃球之因緣，我結識了頎邦第一任董事長-李中新博士，我們倆同屬一個由旅美華人在麻州組成的籃球隊長達十四年，球隊曾多次獲得波士頓華人籃球賽冠軍。李董的專長是半導體前段製程設備，我的專長則在於後段封裝。

回台創業

1996 年一月，我辭去 MRSI 副總裁的職務，

抱著回國深造的心態加入工研院電子所，先是擔任所長特別助理，三個月後接掌先進構裝組組長的職務。同年九月接獲李中新博士來電說 Let's start a bumping company in Taiwan! 憑藉著這一句話，1997 年一月頏邦科技籌備處正式成立，地點是芎林我家地下室。同年七月籌足第一期投資款，入駐新竹科學園區，由李中新博士擔任董事長，我出任總經理，鎖定初期營業項目為 Bumping（凸塊）。

成立初期，李董和我的家人皆在美國，李董就住在我家，二人朝夕相處，經由持續的討論，共同研擬出許多與同業區隔化的規劃與執行方案。其中，自行開發了許多生產設備，加上電鍍液選擇的差異化，使得生產成本大幅低於競爭對手，再加上團隊共同努力開發製程，因而奠定了頏邦初期的市場地位，才有後續將業務擴展至其它項目的機會。

全球第一

入駐園區二年內，頏邦陸續推出金凸塊及錫鉛凸塊兩個代工項目，並獲得國外大廠認證開始量產。金凸塊主要運用是平面顯示器之驅動 IC，那個年代 TFT-LCD 市場蓬勃發展，許多國外大客戶要求封測廠能提供全方位的代工服務，頏邦因而開始建置第三個代工項目 - TCP 組裝，晶圓測試和 COG 則是委託京元電子等協力廠商支援。

頏邦草創，李中新博士（右）與我

頏邦同仁祝賀竹科四十週年

接下來十年，驅動 IC 封測行業競爭非常激烈，造成大多數同業無法獲利，業界開始掀起整併風潮，頏邦很幸運的在 2005 至 2010 年間先後併購了三家同業，躍居全球驅動 IC 封測龍頭地位。

面對困難：樂觀堅毅

「樂觀的人，使生命更顯豐富；堅毅的人，在困境中展現實力」是太座於頏邦創業初期贈予我的對聯，至今仍懸掛在我的辦公室內，每當遇到困難時，就會將他讀一次，重整心態，繼續努力！

工作的驅動力：熱誠

對於自己是否熱愛著目前的工作，我有一套自我評估的方法。每天開車上班途中，你的心態是：又要到辦公室去面對那些煩人的事情了？還是，迫不及待的想回到公司去完成昨天尚未完成的工作？前者很痛苦，是到了考慮換個工作的時候了。後者很幸福，對工作保持高度的熱誠，也會從成就感中取得持續的驅動力。

我是非常幸運的人，幾乎每天上班途中的心態都是迫不急待！

Wa-People

吳重雨（中）晶神醫創董事長
柯明道（左）晶焱共同創辦人、交大生醫電子轉譯研究中心主任
姜信欽（右）晶焱創辦人、晶焱總經理、晶神醫創總經理

從靜電防護到生醫電子
交大 307 實驗室再添傳奇

文：陳玉鳳
圖：古榮豐

從師生關係到攜手創業，吳重雨、柯明道、姜信欽三人感情深厚、默契十足。他們為交大 307 實驗室寫下傳奇，如今，繼晶焱科技之後，他們下一個令人驚豔的傑作，將在生醫領域展現

生醫電子展新局

2020 年 8 月，特斯拉創辦人馬斯克的 Neuralink 公司，公布了「腦機介面」，也就是人腦和機器相連的技術，新一代的 Neuralink 裝置僅有硬幣大小，支援無線充電，已在豬腦裡試驗成功。

消息一出，生醫和電子的結合再受矚目。當大家都將目光看向國外時，其實台灣已有一家公司投入生醫電子領域，且已繳出亮眼成果，這家公司是「晶神醫創」。

晶神醫創的董事長吳重雨是交大前校長，總經理是擁有交大博士學位的姜信欽。公司重要技術移轉自交大「生醫電子轉譯研究中心」，該中心主任是柯明道，同樣是交大博士，而吳重雨當年正是此中心的創辦人。

吳重雨、柯明道、姜信欽師徒三人關係緊密。如今，柯明道是國際知名的靜電防護（ESD）技術專家，他與姜信欽共同創辦的晶焱科技，成為 2019 年半導體業上市櫃公司員工平均年薪最高的企業。繼晶焱科技之後，三人又聯手打造新企業。

晶神醫創成立於 2016 年 6 月，主要針對藥物無法治療（難治型）的神經方面疾病，提供終身的解決方案，應用於癲癇、帕金森氏症、黃斑部退化病變、視網膜色素病變等領域，並

交通大學前校長吳重雨，擔任晶神醫創董事長

2016年潘文淵文教基金會董事長史欽泰（左）頒發吳重雨研究傑出獎（照片：潘文淵文教基金會提供）

提供相關診斷、監測與治療的輔助系統。

環境困不住向上的心

吳重雨和柯明道都是農家子弟。吳重雨出生於嘉義縣東石鄉，排行倒數第二，然父親在他小學五年級時去世，從此靠寡母養活十個孩子。出身偏鄉單親家庭的他，靠著借錢才能念大學，寒暑假一定返鄉幫忙挖蘆筍補貼家計。能夠在交大電子物理系從大學、碩士讀到博士（電子研究所），可說毅力過人。

拿到交大博士學位後，吳重雨選擇投入當時十分冷門的類比 IC 領域。由於資源缺乏且設備簡陋，吳重雨的實驗室就設在交大舊校區的教室走廊上，並在如此克難的環境中，開始指

吳重雨、柯明道、姜信欽三人攜手創業，傳為業界佳話

導交大電子研究所的研究生。

隨著交大新校區成立，實驗室後來搬到交大工程四館三樓 307 室，並在此孕育出許多 IC 設計人才。因此「307 實驗室」又被稱為黃金實驗室，而一手主導這個實驗室的吳重雨，也

柯明道 2015 年獲行政院傑出科技貢獻獎，恩師吳重雨及學弟姜信欽到場致賀（攝影：李慧臻）

一路從交大電機學院院長高升至交大校長。

被問做過什麼最瘋狂的事時，吳重雨說，2003 年他到美國伊利諾大學香檳校區電機系擔任訪問教授，是對自我的一大挑戰。而跨越挑戰之後，對教學與研究都大有精進。

2016 年潘文淵文教基金會特別頒發研究傑出獎給吳重雨，表彰他在國際合作研究、學術領導、人才培育及國內科技推動的卓著貢獻。此時，他已完成世界第一顆癲癇顱內偵測與即時閉迴路式電刺激控制單晶片系統（SOC），可提前預知並抑制癲癇發作，成功率創下世界紀錄。

念書可以賺錢　從此一路用功

柯明道生於台南歸仁鄉，和吳重雨一樣，在交大電子系從大學一路讀到博士。早期農家生活艱苦，柯明道兒時便下田幫忙。自律苦學的他考進台南二中，高一上學期成績名列前茅，不但領到獎學金且學雜費全免。柯明道說，「我很驚訝地發現，原來把書唸好竟然能賺錢，拿到獎學金還可以減輕家裡負擔，從此我就非常用功念書。」

姜信欽成長於都市，他不用種田，家裡經濟也還過得去。他開玩笑地說「是不是我的人生比較平順，所以成績比較差？」雖然考進逢甲大學電機系，但姜信欽與其他同學最大不同的是，他從不抱怨私立大學資源少，而是要求自己徹底利用學校的有限資源。從「大電力」到「小電力」，姜信欽都學得通透，這也讓他接著考上交大電子研究所，進入吳重雨門下，成為柯明道的學弟。

姜信欽原本想進入電力公司工作，但在一次觸電意外後，讓他決定奔向「小電力」的懷抱，轉攻電子領域。他透露自己就讀交大研究所的小秘辛，「因為我是私立大學畢業，遍尋不到老師願意收我，吳重雨老師身為所長，只好找我來談，並要我回去考慮當他的學生。」姜信欽當下毫不考慮、立刻點頭同意，「吳老師當時的表情頗為錯愕，我到現在還記得。」這個看似無奈的選擇，竟成為姜信欽創業之路的開端。

交大 307 實驗室　練功的秘密基地

「交大 307 實驗室」是全台灣第一座類比 IC 實驗室，柯明道、姜信欽先後加入，在吳重雨的指導下，潛心投入研究。

2020 年吳重雨從交大退休的歡送會上，許多學生致詞感謝他的栽培。柯明道回想 1991 至 1995 年吳重雨借調國科會工程處擔任處長，每天往返新竹台北，下班後回到新竹，夜裡還繼續批改學生的論文，經常深夜還打電話找人。柯明道說，那時深夜宿舍只要電話響起，就會有人大喊「吳重雨的學生，趕快去接電話！」

姜信欽則笑說自己是實驗室「晚班」的學生，而當年經常率領學弟們吃薑母鴨補充體力，接著研究做到天亮的，就是大師兄柯明道。

在吳重雨的嚴格要求下，307 實驗室培育出來的人才都擁有紮實的功夫。辛苦的實驗室歲月也磨出同學、學長學弟之間的革命情感，一起開公司的例子也不少。

姜信欽在交通大學攻讀博士時，靜電防護（ESD）技術領域只有柯明道在研究。完成博士學業後，柯明道與姜信欽先後進入工研院服國防役。柯明道在許多廠商要求下，開始提供 ESD 的技術服務，後來由於個案實在太多，便拉著姜信欽一起投入。兩人最忙時得同時處理七、八家廠商的問題，也因此，讓姜信欽萌生創業念頭。

晶焱科技於 2006 年創立，是台灣第一家專門提供靜電防護解決方案的公司，從各種靜電防護元件到顧問服務，服務許多電子產業上、中、下游的客戶。一開始，姜信欽為了推廣許多靜電防護的重要性，經常穿梭於客戶公司的各個部門，從觀念到實務，往往一整天下來站著講了數小時的課。隨著靜電問題越來越受重視，晶焱的業績表現出色，並於 2014 年 3 月 11 日掛牌上櫃。

技術寶庫　生醫電子轉譯中心

晶焱科技的創立，對於台灣電子產業的發展做出重要貢獻，而師生三人合作的腳步不止

2018 年 11 月柯明道獲頒「第二十五屆東元獎」，與姜信欽總經理兩個家庭全家福合照

於此，晶神醫創是另一個創業主題。這家公司的誕生，要從交大「生醫電子轉譯研究中心」開始談起。

這個研究中心是教育部五年五百億經費補助的頂尖中心之一，研究中心有多項傑出研究成果與醫界展開密切合作。例如與花蓮慈濟醫院合作的人工電子耳、台北榮總醫院的人工視網膜、台中中山醫院的癲癇治療晶片，以及林口長庚醫院的帕金森氏症治療、桃園長庚醫院的中風復健治療等。

「生醫電子轉譯研究中心」當年由吳重雨創辦，柯明道現任該中心主任，他說：「台灣擁有雄厚資通硬體製造能力，同時也長期耕耘高階醫療研發，可惜的是台灣電子科技公司很少投入醫療技術，導致生醫電子這個領域沒有明顯進展。」為了彌補這個缺憾，吳重雨便號召有志之士成立「生醫電子轉譯研究中心」，期待成為結合科技與醫療研發的前線單位。

2008 年起，中心團隊多次訪問國內各大醫院，與各專科醫師討論臨床治療時所面臨的難題。在與醫師談論過程中，團隊花了許多精力

1998 年 6 月吳重雨時任交大研發長，獲選為 IEEE Fellow，赴美參加 ISCAS 盛會，並於會中接受頒獎

1998 年 6 月赴美參加 ISCAS 盛會，當時柯明道在工研院服國防役，同時在 307 實驗室共同指導博士、碩士研究生

理解醫師的臨床需求，包含醫師的想法、疾病形成的過程、臨床醫療步驟以及臨床治療的困難等。在持續的努力下，中心逐漸產出具體成果，透過技術移轉，為晶神醫創的創立提供了養分。

癲癇和眼疾治療晶片
邁向人體實驗

耗費十餘年時間，該研究中心研發的「可植入式癲癇偵測與治療系統單晶片」，可即時偵測癲癇腦波，在病患癲癇發作之前，提前偵測出並進行電流刺激抑制癲癇發作，成功率高達 92%。這項技術成為晶神醫創的主力產品，2020 年即將邁向人體臨床實驗階段，可望在不久的將來造福病患。

除此之外，晶神醫創也取得人工視網膜技術，目前所研發的人工視網膜雛型產品，已多次植入迷你豬進行各項動物試驗，證明植入晶片電刺激產生的視覺訊號，的確能傳到大腦視覺皮層。晶神醫創目前正在加緊研發人工視網膜產品，並陸續完成各項人體試驗前所需的安

1999 年姜信欽拿到博士後進工研院服務剛滿一年，創業念頭在腦裡萌芽

全規範驗證，預期在 2021 年可以進行人體試驗。

吳重雨、柯明道、姜信欽師生三人組共同合作催生的晶焱科技和晶神醫創，兩家公司的共同點，在於獨特創新，在投入的領域幾乎都是「前無古人」。他們憑藉深厚的技術實力，勇於開創新局，走別人沒走過的路。

「未來，在吳老師和柯學長的協助下，我希望能繼續開創新事業，我的目標是成立十家新公司。」姜信欽信心滿滿地說。

Wa-People

竹科最佳職場
產業推手助攻神兵

文：王麗娟
圖：蔡鴻謀

軟體公司最重要的資產是人才。益華電腦（Cadence）很早進駐竹科，是半導體產業的重要推手。該公司積極招兵買馬，將擴編團隊協助產業迎接黃金十年的成長熱潮

一場三天三夜的面談

加州理工學院（Caltech）位於美國洛杉磯一個美麗又富裕的郊區，學習氣氛十分濃厚，除了重視學生的學術表現，學校要求學生畢業前必須完成大量的學科和人文必修課程。從小夢想當科學家的益華電腦（Cadence）台灣區總經理宋栢安，自清大電機系畢業後，就來到該校深造。

他沒想到有一天，會被 Caltech 學長開的新創公司，面談了三天三夜。「這家公司裡有個天才型的科學家團隊負責面談，他們要求解決的問題，都不是書上有答案的。」

馬拉松式面談的確讓人疲憊不堪，而「永不放棄、不被問題擊倒，能夠透過互動討論進行團隊合作、即使很累仍保有熱情，」是他們最後決定錄用宋栢安成為第一位工程師的主因。

留學美國是宋栢安覺得「人生最充實、也最快樂的時光，」他經常鼓勵年輕人，出國並不只是為了讀書環境，更重要的是，去接受各種不同的刺激、跟不同的人互動、面對文化衝擊、吸收不同的養份。針對專業能力，宋栢安的親身經歷是，畢業後不能丟開書本，「至少還要花三、五年的時間，自我深入研習，這種自我不斷求進步的精神，非常重要。」

科學與應用　相輔相成

宋栢安國中時想當科學家，十分仰慕對科學充滿狂熱、永保好奇與赤子之心的美國物理學家「理查‧費曼」（Richard Feynman,1918 ～ 1988）。加上李遠哲獲得諾貝爾獎（1986），

2019 年 Cadence 年度用戶大會 CDNLive

益華電腦（Cadence）台灣區總經理宋栢安

因此吸引宋栢安進入清大電機系。到美國念書後,他發現,成為一位工程師、電機學家,是很酷的事。

踏出校園開始找工作,宋栢安體認到,企業徵人除了看主修科系外,更重要的是看「解決問題的能力。」而把書讀懂、將學問通透,正是能夠活用知識解決問題的關鍵。

畢業後五、六年間,宋栢安仍不時研讀大學書本,「譬如電子學,以前許多沒有唸通的地方,邊工作再重唸一遍,這才對以前老師教的東西有更深的體會。」他強調,考試答得出來,不代表真正了解實際應用。在碰到千奇百怪的問題時重新翻開書本,經常能找到科學與工程應用相輔相成的道理。

「唸通一門基本的學問,在技術或職業生涯上,是很重要的事情」,「踏出校園後的五年當中,最容易被人看到的,就是你的專業能力」,宋栢安下苦功將兩本經典教科書融會貫通,如今從 IC 設計、演算法設計,到通訊原理,數位信號處理(DSP)已成為他最擅長的技術。

異質整合　設計再升級

益華電腦(Cadence)是一家新世代的電腦運算軟體公司,以設計工具軟體及矽智財(IP),協助電子公司與半導體產業實踐創意,不斷推出新產品。大家每天離不開的手機、筆電、遊戲機等電子產品,Cadence 是很關鍵的技術貢獻者。

宋栢安以蓋房子來比喻 IC 設計。當土地面積越來越小,而要擺在上面的電晶體(transistor)越來越多時,為了增加效能,於

CDNLive 每年頒獎表揚學生的傑出論文

是就得從平面轉向立體,往上蓋!這一來,就會碰到很多設計上的問題,必須以電腦輔助工程(CAE)或電腦輔助設計(CAD)軟體來進行模擬。例如,立體化之後,強度如何?會發燙到什麼程度?電磁干擾(EMI)的問題又該怎麼辦?每一個問題都要在小小的晶片上解決。

宋栢安說,從 IC 設計、PCB 設計,到系統產品的 3D 設計,Cadence 三者兼備,而且技術都耕耘了很久。為了協助設計者貫穿設計流程的前段與後段,免除等到後段出問題,又得繞回前段重做的窘境,於是 Cadence 透過異質整合,提出了完整的解決方案,十分具有競爭力。

竹科經濟奇蹟　未來黃金十年

「跟竹科比較有連結,反而是在國外的時候,」宋栢安大學畢業後到美國留學,接著在矽谷就業,那時他有些同學加入了竹科的公司,幾年間有人突然跑去唸書、有人早早退休、也有人去做很奇特的事。這時他才知道,原來「竹科已經產生很多經濟奇蹟!」宋栢安對竹科的爆發力,真是非常羨慕!

加入 Cadence 之前,宋栢安曾是 Cadence 的

宋栢安與同仁慶賀竹科四十週年生日

最佳職場
積極徵才

Cadence 人力資源部資深人資經理 Elena 也非常欣賞 Cadence 的企業文化。她說「Cadence 非常注重人才，並致力於人才發展與培養，積極為員工創造正向積極、團隊合作、互信的職場環境，是一家被員工認可為最佳職場的公司。」

人力資源部資深人資經理
Elena 歡迎優秀人才加入
Cadence 最佳職場

客戶。他和朋友曾在矽谷創業，專做數位視訊轉換盒（set-top box）的晶片。由於他管理公司有條不紊，加上不放棄的精神，因此成為 Cadence 邀他加入的契機。「我們會從使用者的角度，去思考怎麼幫他解決問題，」宋栢安強調「客戶成長就是我們的成長。」

「我非常喜歡我現在的工作，」宋栢安說 Cadence 讓他接觸到半導體不同的面向。他強調，迎面而來的是「半導體的黃金十年，甚至二十年，Candence 不但正逢其時，而且在很好的位置。」「可以幫助產業，而且跟一群非常聰明的人工作，真是一件很愉快的事情。」

GPTW 是一項最佳職場的評鑑，全名是 Great Place To Work。2013 年起 Cadence Taiwan 就已開始參加 GPTW 大中華區最佳職場評鑑，2020 年是 Cadence Taiwan 首次獨立參加台灣區的評鑑，隨即獲得台灣區最佳職場的殊榮。

所謂最佳職場，不僅是建立良好企業文化，鞏固公司的競爭優勢，而且還要看企業內部，是否能夠互相合作、互相信任，讓同仁感受自己的工作被重視，而且同仁的發言、建議、創意，也都能被企業看見。「我們定期舉辦全體員工的溝通大會，」Elena 說，員工溝通大會中，我們與同仁分享公司營運狀況及動態，同時也會表揚同仁的貢獻，一起歡慶公司各個里程碑，讓大家對公司的成長留下共同記憶。

Cadence 很注重個人的創意、創新、影響力，以及如何將創意付諸執行的能力。除了專業能力外，Elena 特別強調軟實力的重要性，包括思維溝通、團隊合作、情緒管理以及互相尊重的能力。Cadence 在台灣積極投資研發人才，2017 年員工人數二百多名，今年目標將增加到五百多名。

Wa-People

夢想可以這麼大
三個世界冠軍的故事

文：王麗娟
圖：旺宏提供

NOR Flash、ROM、最早將 AI 導入半導體產線，吳敏求
已締造了三個世界冠軍紀錄。他白手起家、回饋母校及
社會的故事，鼓勵著年輕人

回饋母校　4.2 億再加碼 10 億

理髮只花 250 元，旺宏電子創辦人吳敏求董事長捐款卻是非常大氣！2020 年旺宏捐贈成功大學 10 年 10 億元的新聞，成了年度最讓人津津樂道的好消息。四十多年前踏出成大校門時，誰能想到，這位校友有一天會如此大手筆回饋母校！

在成大電機系完成大學及碩士學業後，吳敏求接著出國深造、在矽谷工作了十二、三年後返國創業。第一個十年他不眠不休，讓公司大賺 100 億元，但健康也亮起了紅燈。休息了幾年後，他在公司出現虧損之際復出，重新將營運帶上軌道，並於 2008 年底捐贈 3 億元，支持清華大學興建「學習資源中心—旺宏館」。

2019 年 8 月旺宏宣布捐贈成功大學 4.2 億元興建「成功創新中心—旺宏館」，期許結合九大學院打造「未來大學」雛型。2020 年 6 月，吳敏求在該館動土典禮上宣布加碼投資，支持創設「敏求智慧運算學院」，並以每年 1 億元、連續 10 年，支持該學院聘請國際傑出人才到成大任教，激勵教研成果，帶動台灣科技產業發展，進一步發揮全球影響力。

找到志向　投身半導體

當年考大學時，吳敏求的第一志願是台大數學系。意外進了成大電機系後，吳敏求這才發現，其實重視理論的數學系並不適合他，反而電機系更適合喜歡追求創新的自己。

2020 年吳敏求加碼捐款成大十億元，設立「敏求智慧運算學院」

旺宏電子董事長吳敏求伉儷

成大畢業後，吳敏求 28 歲拿到美國史丹福大學材料碩士，踏入產業時已經拿定主意，將投入半導體產業。他體認到半導體產業必須花很多錢、很長時間，還要投資很多人力，於是決定把每個重要環節都學一學。吳敏求認為「技術只有在大公司裡才學得到，小公司比較難」，所以一開始就積極找機會進大公司。

四、五年後，吳敏求加入準備蓋新廠、而且還要他負責開發新製程技術的新創公司 VLSI Technology。相較於在大公司 Intel 負責產品改善，如今要無中生有，可說是相當大的挑戰。

在廠房尚未建好前，VLSI 公司將一個簡單的 64K 唯讀記憶體（ROM），委託矽谷某工廠生產，結果一片 4、5 吋的晶圓上，竟只出來一顆功能正常的 IC。等吳敏求把廠房及產線建起來時，良率一下子達到 60%，樹立了很重要的里程碑。

先做 ROM　兩個世界第一

接著，吳敏求和幾個好朋友在矽谷設立公司 Macronix Inc.，在此他又學習了如何將產品及技術賣出去。所以，在回台灣之前，吳敏求已相當程度累積了技術研發、建廠，以及銷售產品的經驗。

旺宏第一個十年業績衝刺到十億美元，2000 年獲利新台幣一百億元，成為全球成長最快的半導體公司之一。1998 年 6 月，著名的富比士雜誌，特別報導創業風氣將台灣打造成了「東方矽谷」，還將吳敏求登上雜誌封面。

產品方面，吳敏求看好系統單晶片（SoC）要用快閃記憶體（Flash Memory）才能成為智慧系統。所以創業後選定非揮發性記憶體（Non-Volatile Memory, NVM）路線，第一個產品就是唯讀記憶體（ROM），接著再投入 EEPROM 及 Flash Memory 的開發。

旺宏電子興建第一座晶圓廠，十年奠基賺進百億元

1989 年旺宏成立酒會

如今旺宏電子已是「全球非揮發性記憶體整合元件領導廠商」，在 NOR Flash 及 ROM，已居世界之冠，下一個目標，則是將 3D NAND Flash 做好，成為 NAND Flash 的領導廠商。

第一桶金　任天堂、NKK

任天堂是旺宏的第一家客戶，至今仍是旺宏的最大客戶。當初吳敏求注意到美、日激烈競爭，美國官方要求日本至少必須購買 20% 的美國貨，才同意讓日本企業將產品賣進美國。

這條規定讓日本任天堂相當苦惱，因為當時任天堂的 ROM 供應商全來自日本，完全沒有

旺宏電子二項產品，居世界第一

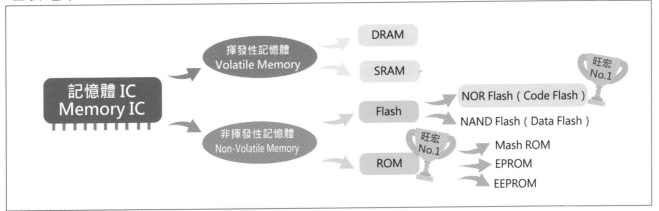

吳敏求為首位登上 Forbes 雜誌封面的華人企業家。竹科目前對外賓介紹時，也將吳敏求和台積電創辦人張忠謀登上 Forbes 封面放在簡報首頁，以彰顯兩人對科技產業之重要貢獻

美國公司。剛好吳敏求與朋友合開的 Macronix Inc.，是美國半導體協會（SIA）成員，因此，旺宏創業前五年，就透過該公司，將 ROM 賣給任天堂，適時解除任天堂迫在眉睫的難題。

接下來，吳敏求將一系列的產品技術授權給日本 NKK，收入授權金一千六百萬美元，作為投入 IC 設計的第一桶金。

旺宏一廠　曾替台積代工三年

興建晶圓廠，最昂貴的是高科技的精密生產設備。旺宏一開始，只能投資六吋廠一萬片產能。由於產量未達經濟規模，因此並不容易獲利。為此，吳敏求跑去和台積電談了一個相當高明的 FABCO 合作案。讓還在蓋廠的台積電，先買設備放在旺宏，由旺宏為台積電代工，三年後，旺宏把設備留下，而台積電則把製程技術帶走。透過這個辦法，讓旺宏有了第二萬片產能，而台積電的新廠也快速上線。

接著，業績蒸蒸日上的任天堂，需要旺宏提供更多產能，所以，吳敏求透過向任天堂貸款的方法，擴充第三、四萬片的產能，附帶條件就是，任天堂保證買回所有旺宏生產的晶片。

吸引海外資金投注台灣

吳敏求以自己在美國及 Intel 的經驗，積極拜訪經建會、經濟部、財政部官員，成功推動第三類科技股上市，此舉不但吸引海外資金投注台灣，同時更帶動台灣科技產業後續的蓬勃發展。

吳敏求是清大、成大、交大三個國立大學名譽博士。上：清華大學校長陳力俊頒發吳敏求名譽博士學位。中：成功大學校長蘇慧貞頒發吳敏求名譽博士學位。下：交通大學代理校長陳信宏頒發吳敏求名譽博士學位

旺宏創業第一個十年，吳敏求幾乎全年無休、天天工作，加上對飲食不太注意，因此1999年秋天到美國動了心臟繞道手術，之後醫生建議他應該休息一段時間。沒想到，2002年旺宏竟出現嚴重虧損，於是吳敏求於七月重新復出。

「企業資源有限，必須專注才能成功」吳敏求復出後發現，當時旺宏同時進行著八十多個研發專案，於是要求每一位專案負責人，必須說服大家，手中的專案能夠如何為旺宏增加競爭力，進而將專案數量減到三十幾個。而他則每年帶領同仁，努力只專注做好一件事！

吳敏求以四、五年時間，終於帶領旺宏走出低谷。在那段期間，他每天清晨四點起床做運動、精神飽滿、面帶笑容地進公司，如今他十分重視同仁健康，自己更是一早就起來做運動！

專注創新　投入 AI 三十年

「創新、品質、效率、服務、團隊」是旺宏五大企業文化。對於「創新」勇於投資的旺宏，擁有超過八千個全球專利，是台灣企業少有的規模。

對「品質」的追求，讓旺宏除了消費大眾熟悉的手機、電腦、遊戲機外，也成功吸引汽車、工業、醫學等領域的客戶。而旺宏的記憶體 IC 在低溫攝氏零下五十幾度仍能正常運作，是目前全球國防及航太應用的唯一選擇。

吳敏求是全球第一位將 AI 及大數據（Big Data）分析放進生產線的企業家。原因是他觀察到當年日本半導體業大勝美國的主因，就在生產效率。旺宏成立後，為了追求效率，他決定將生產流程完全電腦化，並找來統計專家，持續分析大數據來改善品質。經過近三十年的努力，旺宏產品良率大幅成長，計算缺陷品的單位已從百萬分之一（PPM）進步到十億分之一（PPB），與競爭者的差距達 30 到 50 倍。

蔡英文總統參觀旺宏五星級泳池，稱讚旺宏是幸福企業

英文說得道地　關鍵是「多聽」

聽過吳敏求英文演講的人，很難不留下深刻印象。無論遣詞用字，或口音語調，都完全聽不出英文非其母語，有人還以為他是從小就在美國生活長大。因此，當他告訴學弟妹，大學時因為不擅長死背，英文是唯一被當的科目，大家莫不瞪大眼睛，表示不敢相信！

「關鍵是聽」，吳敏求說，很多人敢開口說英語，但聽力卻缺乏訓練，相當可惜。他表示，多聽不但可以修正發音，而且可以增進詞彙，進而掌握表達與溝通的精髓。

吳敏求說，自己先從喜歡的運動節目開始，常聽報導球賽的廣播，起先有些字聽不懂，但聽著聽著，有一天就突然豁然開朗了。

竹科，圓夢基地

1989 年吳敏求帶領 28 個家庭、約 40 人回台創立旺宏電子，矽谷的聖荷西水星報以「人才回流」（Reverse Brain Drain）為題大加報導，轟動一時。他為台灣引進並培育高階優秀工程人才的貢獻，2020 年也被華頓商學院出版的《趨勢剖析：2030 世界變局》列入書中。

2019 年，旺宏三十週年慶時，吳敏求親筆寫了一封公開信，他一字一句念出對員工的感謝，強調旺宏能有今日成績，「都是因為有你們」。

為了培育高科技人才，旺宏捐贈成立「旺宏教育基金會」，分別針對大學院校及高中生舉辦「旺宏金矽獎」及「旺宏科學獎」。旺宏金矽獎至今累計有超過三千支隊伍、上萬名大學院校師生投入競賽。而 2020 年第十九屆旺宏科學獎，則吸引了 126 所學校，662 支隊伍參賽，刷新歷年紀錄！

對於有心創業的年輕人，吳敏求建議不但要注重專業能力，更別忘了加強跨領域的知識及能力。他表示，創業以來，最困難之處就是專業技術人員對財務、企業管理，以及法律知識的不足。

吳敏求認為，大學生創業有點太早，他認為完成學業後，先進入產業歷練，用心多看、多做、多學，「約四十歲創業比較剛好」。

Wa-People

更多產業人物說故事

找自己 →

最 挑 戰 的

創業夥伴 →

文：李慧臻
圖：洪琪雯

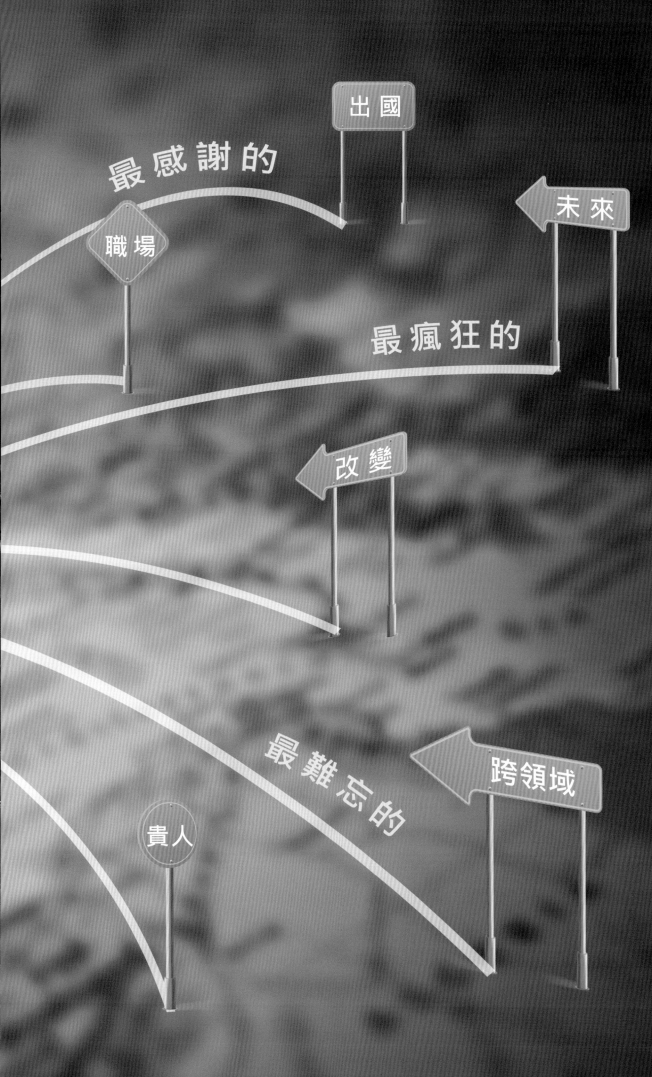

迎接創新、不斷學習
超前部署你的未來

文：王麗娟
圖：古榮豐

他正面迎接組織異動、職位更動、外派海外，不斷歷練自己；如今他率領人才、不斷將創新帶進市場。他以創新故事分享年輕人，親身故事分享年輕人，提醒大家掌握挑戰所帶來的新機會

喜歡做 IC

「我覺得做 IC 是很好玩的事情」，「以前 IC 設計是很硬的工作，但現在隨著工具的發達，它變軟了，不需要那麼硬的電路知識就可以做了。原來學資工、機械的，都可以來做 IC 設計，而且做得很好，因為有跨領域的知識。」2020 年「ERSO Award」得主，亞洲第一家授權處理器核心的供應商晶心科技總經理林志明這麼說。

「讓 IC 設計變得更容易，我們晶心也貢獻其中。透過晶心的矽智財（IP）及工具軟體，你需要的 CPU 不用自己設計電路，只需會用就好。某種程度像組合樂高玩具，發揮你的創意，做出你最喜歡的作品。」

時間回到 1979 年左右，那時竹科尚未成立，在交大讀電子物理系三年級的林志明在圖書館讀到一些 IEEE 雜誌，心中想了兩條路，一是晶圓製造，一是 IC 設計。

「吳重雨老師對我的影響非常大」，林志明大三、大四修了吳重雨的課之後，決定要往 IC 設計的方向走。退伍後在聯電工作了三年，林志明決定到美國深造。他特別選了波特蘭州立大學，原因正是當時吳重雨剛好被聘請到該校擔任客座教授。只是剛好吳重雨接任國科會工程處處長，必須回台灣，因此林志明只好重新找指導教授，研究的題目就是以 Intel 的 CPU 做開發系統。

聯電、智原、晶心

美國留學歸來、林志明回聯電投入 PC 晶片組的開發，「1990 到 1995 年間，聯電開

2014 年交大電工系及交大電物系五十週年慶，左起林志明（電物系系友會會長）、周武清、陳紹基、羅達賢（攝影：李慧臻）

晶心科技總經理林志明

發 Intel x86 相容 CPU，我跟 CPU 結緣，就是始於那個時候，」林志明説。

1995 年聯電決定從「垂直整合製造」（通稱 IDM）轉型為專業「晶圓代工」（Foundry）模式，不再自己開發產品，而是專注於生產製造客戶所設計的 IC。原來的各個 IC 設計部門各自獨立，成立了聯發科技、聯詠科技、聯陽半導體、智原科技、聯笙電子、聯傑國際等公司。同一年，聯電與 Intel 和解，關閉 CPU 部門，並安排林志明前往荷蘭，負責整個歐洲市場的業務，並擔任聯電歐洲分公司總經理。

晶心的員工非常國際化

晶心處理器核心

類別	產品應用／市場
顯示與控制 Display	驅動 IC、觸控面板感應晶片 TDDI、觸控面板 IC、指紋辨識 IC 台灣：處全球戰略位置
資料儲存 Storage	快閃記憶體：從 USB 到 SSD 等 應用：手機、電腦、筆電型態：消費型，企業型 台灣：處全球戰略位置
人工智慧 AI	客戶以美國、大陸居多
物聯網 IoT	客戶遍及全球
5G 通訊、4G 通訊	歐洲 Microstation 客戶，法國、英國都有

林志明説服了擁有穩定工作、心中對舉家遠赴荷蘭有些猶豫的太太。「我跟太太説，你不是一直想要去歐洲深度旅遊嗎？」林志明並沒有騙太太，他説，歐洲人周一到周五確實忙於工作，但周末則非常專注休閒。而且歐洲假期很多，德國一年有 7 個周，荷蘭少一點也有 5 周。

當年遠赴歐洲時，林志明的兩個孩子，大的小學一年級，剛學了 26 個英文字母，小的才兩歲半。三年後，林志明從歐洲回台灣時，智原科技正準備上市，蔡明介是董事長，林孝平任總經理，林志明隨後加入，幾年間升到副總經理。

在智原的九年期間，林志明既學到 MIPS 相容 CPU，也學了 ARM 相容 CPU 的經驗，這讓他深刻體認，要做 CPU 的話，就不再做和誰相容的 CPU，而是要「走不一樣的路」。

不一樣的 CPU 之路

2004 年，蔡明介著手創立晶心科技，2005 年成立後擔任董事長至今。智原兩名大將轉任晶心科技，林志明出任總經理，而專門做架構的蘇泓萌，則擔任技術長暨執行副總經理。

晶心以創新架構，開發出效能高、又省電的嵌入式處理器，讓客戶可以有彈性地開發各種系統晶片，自 2006 年推出第一版指令集架構（AndeStar）到 2012 年發表第三版時，時間上領先美國加州大學柏克萊分校開發 RISC-V 的時程。亦即，在地球的兩端，有兩支技術團隊，對於新世代 CPU 的架構，英雄所見相同！

今年，林志明與研究精簡指令集計算機

林志明率同仁祝賀竹科四十週年

讓 IC 設計變得更有彈性的晶心，大受市場矚目

（RISC）權威，美國加州大學柏克萊分校大衛·帕特森（David Patterson）教授聊天時發現，「雙方在做的東西差不多，理念上很像，」而身為 RISC-V 基金會董事會副主席的 Patterson，對於這樣的巧合，也津津樂道。

林志明強調，從汽車、電話、電視、相機、到現在人工智慧、大數據、5G 等各式應用，需要不同的介面，「客戶希望介面能夠隨著應用而改變、演進。」晶心的 CPU 架構提供彈性，讓開發者能在設計平台上展現獨門絕招，不必受限於框架內動彈不得。而晶心搭上 RISC-V 風潮，則有如站在巨人的肩膀上前進。

迎接變變變　終身學習

面對工作上的挑戰，以及組織的異動轉型，林志明說，「宣明智董事長跟蔡明介董事長扮演很重要的角色，因為有他們在前面帶領組織，我們就緊隨其後跟著往前走。」

林志明說，當年聯電還是 IDM 時，給他一個很好的訓練，新產品開發案必須同時向董事長曹興誠、管工廠的副總劉英達、設計部經理蔡明介、業務部經理宣明智等人做簡報，「他們都會灌注功力給你，我們就從中努力偷學。」

「組織的改變不要太在意好壞，因為組織改變一定有它的理由。」林志明講了一個小故事，當年聯發科技從聯電的多媒體事業小組獨立出去，招兵買馬時找到一位資深大姊遭拒，而旁邊一位年輕小妹沒想太多就接受了，後來 30 幾歲就變成億萬富婆退休。

晶心在 2006 到 2010 年間，每年虧損近一億元，為了維持營運動能，歷經三次增資。林志明說，每一次增資終能成功，「技術、產品、發展願景，以及核心競爭力」是吸引投資人的主要關鍵。

影響產業　五百到千倍規模

「我們的影響力是很大的，」林志明說，晶心跟客戶簽定 CPU 合約後，針對 CPU 所在的系統單晶片（SoC）收取一次性的授權金（License Fee），接著，依客戶量產的數量，再收取權利金（Royalty）。「假如我們的授權金是一，等到 SoC 開發出系統產品，接著賣到市場上，送達消費者手中，增值倍數大約是二百到五百倍，再加上權利金的話，可望影響五百倍、甚至一千倍的產業規模。」

林志明說，晶心台灣總部員工 190 名，另外在美國及大陸都設有子公司。對於即將踏入產業的年輕人，林志明建議「要提前部署自己的未來，想往什麼方向走，最好在大三到大四，先做出初步的決定。」對於人才遴選，林志明說，「晶心最歡迎願意終身學習的人才。」

大竹科四十八載　無悔的歲月

文：林錫銘　圖：林錫銘、李慧臻

在十八尖山下孕育的青春歲月

我是1972年進交大，1976年畢業的。大學四年都是在前門可以看到後門的博愛校區。校園雖小，但是那個地方卻孕育了台灣許許多多重要的資訊電子人才，也讓我們留下美好的回憶。

當時的交大校風，純樸、務實、自由，同學們大部分都很用功。我這個電子物理系的學生，算是怪胎。電子沒念好，物理也沒學通，整天運動看閒書，廣讀財經政治文史哲學書籍，還參加佛學社（鐘鐸社）及登山社當副社長，並且入選田徑校隊、參加公路接力賽…等，很慶幸居然也畢業了。坦白說當時電物系的師資是非常優秀的，像張一蕃、黃廣志、韓建珊、鄭以禎、褚德三等等教授…，都是令人懷念的好老師，只是我不用功，入寶山在專業上空手而回。幸好自由的校風，讓我得以培養了健全的人格以及寬廣的視野，2002年還很榮幸獲選為交大傑出校友。我相信很少人是像我這樣來懷念與感謝交大的。

大學專業沒學好，進了職場好不容易輾轉進入當時起飛中的工研院電子所。很慶幸遇到楊丁元、史欽泰、胡定華幾位開明的主管，讓我得以在較不需深入技術專業的市場行銷、產業研究、策略規劃與技術擴散等領域發揮，還扎扎實實認真考上台大商研所拿到MBA，並且在工作上也受到提拔與肯定。

1989年因緣際會離開工作了10年的電子所，創立了偉詮電子投入當時正萌芽的IC設計產業，光陰似箭，一晃已經30年了。

個人覺得，人生的變數很多，著實很難規劃，重要的或許是多培養寬廣的視野，多關心天下蒼生與事務。畢竟在當今多元入學方案下，能進入國立大學的，大多是受到較多照料的人生勝利組了，有義務多關心弱勢和辛苦求生存的芸芸眾生。這樣子社會才會和樂，對自己也有好處，共勉之。（以上2019年發表於交大理學院成立四十周年專刊）

2009年，應陳文成博士紀念基金會總幹事胡慧玲小姐發起的接力串寫邀稿，我寫了一篇「我的31歲」。這個接力串寫是為了紀念1981年台灣仍是白色恐怖戒嚴時期，才華橫溢被認為可能拿到相當於統計學界諾貝爾獎的美國卡內基美隆大學台籍教授陳文成博士，因為資助台灣民主運動捐款給美麗島雜誌，當年夏

林錫銘在「磐石會」全體會員贈送的墨寶前，接受王麗娟主筆（右）親贈2020年「產業人物」雜誌

我很喜歡竹科的周年慶。因為竹科幾年，我結婚就是幾年。每年經此提醒就不會忘記，既不會被唸又有一頓好餐，真感謝竹科，哈哈！其實，個人和大新竹科學園區在過去將近五十年的歲月可謂關係深厚。主編希望受訪者能夠以說故事的方式，和年輕人分享成長的經驗。我想就以幾篇我寫過的故事，和大家分享。

偉詮電子董事長林錫銘

天返台省親時被警總約談後，徹夜未回，第二天清晨竟被發現陳屍於台大校園。陳文成博士這樣的數學天才在 31 歲時英年早逝，留下傷心的家人和未滿一歲的幼兒，引起海內外軒然大波，成為國際新聞。胡慧玲希望大家寫出 31 歲時，自己是在做什麼，來紀念他。這篇文章因為較敏感，我很少對外傳閱。

2017 年自百和鄭森煤董事長手中接任台中磐石會會長。蔡英文總統、台中市長林佳龍、彰化縣長魏明谷、立委黃國書等貴賓親臨道賀

如今，台灣已經走出那一段歷史，應該可以提出和大家分享，也可以了解我成長的另外一面。

我的 31 歲

1981 年陳文成博士 31 歲，我 28 歲，那年年初才結婚。當時我是個上班族，不同於那些專注於尖端電子產業技術研究的同事，我是個很關心時政的黨外啦啦隊。和一些志同道合的朋友，從「台灣政論」開始，我們幾乎就沒有漏過任何一本黨外雜誌，包括那些一出版就被查禁，甚至於沒上市就被查禁的雜誌。選舉時，我們也到處趕場聽政見，從早期信介仙、康寧祥，到後來美麗島事件受害人和辯護律師參選的許多政見會，人山人海的場面如今回憶猶歷歷在目，「望你早歸」和「補破網」哀怨的歌聲也仍迴盪於耳際。

1984 年我 31 歲時，社會仍是那樣的場景。「黨外公政會」和「編聯會」相繼成立，醞釀了 1986 年民進黨成立的契機。然而，我一直只是個啦啦隊，我沒有像那些勇敢的人用生命投入民主運動。另一個原因可能是一個學電子的也不能做什麼，何況我塵緣在身，當時已是兩個孩子的爹，必須養家活口。

1984 年冬天，由於工作單位想自己培養跨領域人才，而小弟在市場行銷部門的工作表現「可圈可點，足為同仁表率」，受到當時長官們的提拔，推薦我帶職進修商學碩士。然而當時念研究所，仍是要靠自己通過競爭激烈的入學考試，更何況是最熱門而且對我而言是不同領域的台大商學研究所。因此，1984 年冬天到 85 年初春，每個週末假日，我幾乎都是背著小書包到交大圖書館去「勉強」，準備研究所考試。幸運的是，老天有眼竟然讓我考上了！往後兩年邊上班邊進修的歲月，不論是職場或是後來創業，都成了我人生重要的轉捩點。

陳文成博士這樣百年難得一見的數學天才，在 31 歲那年像初開的櫻花一樣，尚待燦爛就受摧殘，結束了他短暫的生命。我何其有幸，31 歲時能喘息充電， 開拓更寬廣的視野，也有了更多發揮的舞台。寫這些回憶，除了感謝當時長官們的提拔，更深切期盼，大家關心關懷，讓陳文成博士這樣的悲劇不會再發生於地球上任何角落。

林錫銘與偉詮電子同仁祝賀竹科四十週年生日快樂

31 年歷史的偉詮

看完了以上兩段故事，大家應該可以了解我是一個非典型的科技人。1989 年因緣際會創立 IC 設計公司偉詮電子，匆匆已過 31 年。如果要用一句話形容偉詮電子，我喜歡說他是一家「有溫度」的公司。本著做什麼要像什麼的理念，公司除了草創期的兩年多之外，一直都每年獲利，而且有許多產品在其應用領域市占率是世界第一。同時，我也努力塑造公司為一個「工作有樂趣，又有人文關懷的優質公司」。並且透過參與公協會盡匹夫之責，對稅務政策、匯率政策、勞動法令、產業政策等等提供政府建言。個人曾於 2003 年左右擔任總統府科技諮詢委員、國家實驗研究院常務董事職務，並於 2017 年擔任全國規模最大的上市櫃公司負責人聯誼會 --- 台中磐石會會長。此外擔任了 30 年科學園區同業公會常務理事、理監事之職務則於今年才卸任。偉詮電子資源雖不多，然心意是十足的。有趣的事例如股東會紀念品，我們曾經送過本土音樂大師陳明章的 CD、雲林莿桐鄉農會的蒜頭、彰化溪州吳音寧投入心力友善土地的無毒尚水米，多少表達我們對這塊土地的關懷。

偉詮電子並非一路走來都平穩順暢的，草創期曾經經歷了人事震盪備極辛苦。我交往最久，並且成為創業夥伴的好友也因心力交瘁而離職。他 2016 年於印度依止達賴喇嘛尊者出家成為法幢法師則是後話了。很感謝當時的蔡焜燦董事長對我全盤的信賴，以及幾位夥伴的一路相挺。1995 年偉詮成為科學園區第一家榮獲經濟部國家磐石獎的廠商，1999~2002 年連續四年榮獲天下雜誌評定為全國獲利力（ROE）最佳之前二十名。或許是這些因素，讓我這位本行沒念好的電子物理系畢業生於 2002 年得到交大傑出校友的榮譽。

31 年來躬逢科學園區大成長，也很感謝周遭優秀的上下游同業還有政府的協助，提供了我們成長的機會。竹科 40 ！生日快樂！

Wa-People

珍貴照片

1974
大二暑假參加水里蓮因寺懺雲法師禪七暑修

1976
交大電物系畢業前倒立拍照於宿舍，題字曰「我看眾生皆顛倒，眾生看我亦如是」

1989
偉詮 7 月創立，金山寺拜拜後，回「總經理辦公室」，父子三人歡喜無比，滿懷願景

1990
偉詮蔡焜燦董事長（中）邀請 Seiko Instruments 社長 Dr. Hara（右）來訪（註：蔡焜燦 2017 年故去，耆壽 92 歲）

2000
結婚 20 周年，
大兒子在美念
高中，網購送
來 99 朵紅玫
瑰祝賀

2019
偉詮三十週年，林錫銘與任滿三十年的同仁合影，
身旁有三隻老虎，右起研發長、財務長與彭處長

2012
當科技遇上農業，偉詮
這年股東會紀念品是雲
林莿桐的蒜頭

2016
創業夥伴林聰鄉
出家成為法幢法
師（中）回偉詮
合影

他是 IEEE 院士、赴美 21
年後回台，幫產業打贏兩
宗美國反傾銷案，捍衛台
灣半導體產業發展。他擔
任台積電副總經理時，沒
人想到有一天他會創業

敦泰電子董事長胡正大

品格第一、誠信至上
能夠解決難題　就是創新

文：王麗娟　圖：胡正大、蔡鴻謀

創新－父親的強大基因

　　父親喜歡研發創新，對敦泰電子董事長胡正大的影響很大。就説管教孩子這件事，父親也很另類。「小時候，父親除了在生活上總要大家準時吃飯及就寢外，在孩子的學習方面也極力反對我們去補習，並認為暑假就該好好玩。雖然管教嚴格，但從不打罵小孩！」

　　父親的創新精神，在胡正明與胡正大兄弟身上展露無遺。胡正明是世界知名的電子學家，一直在學術界發展，如今是美國柏克萊大學教授、美國工程科學院院士、中央研究院院士、中國科學院外籍院士，他發明的FinFET鰭式電晶體被譽為是半導體領域四十多年來的最大變革，2016年獲頒台灣科技界最高榮譽「潘文淵獎」。而胡正大則一直在產業界發展，以創新力為半導體界解決了許多難題，涵蓋研發、管理到創業。

　　在延攬人才時，胡正大最重視人格。他認為品格、誠信最重要。此外，就看是否有主動、積極、創新的能力。 至於是否要找最會發明的人來做創新呢？「其實不見得！你只要會解難題，就是一種創新！」他還認為，創新不限於以專利數目來表現，在一般行政、日常生活裡，處處可以創新！

　　不像哥哥胡正明讀建中、台大，那麼會讀書。胡正大說自己從小就愛玩，讀師大附中時胡正大是田徑校隊，考上成功大學電機系後，又是學校橄欖球隊員。他認為自己真正開竅可能是大學以後，這才慢慢體會唸書的樂趣，到美國唸博士時更是如沐春風。

解救 Intel
獲頒 IEEE 院士

　　史欽泰、楊丁元及章青駒，都是胡正大在美國普林斯頓大學（Princeton University）的學長。章青駒比胡正大長三屆，更是同門同宗的師兄。獲得電機博士學

胡正大與 1994 年頒發的「IEEE 院士」榮譽證書

位後，教授本想推薦胡正大到學術界當教授，但胡正大覺得自己喜歡工程，應該到產業界去實踐所學。

胡正大選擇加入 IBM 研究中心（IBM Watson Research Center），中央研究院院士虞華年，當年就是胡正大的老闆。在這裡，胡正大解了 CMOS「閂鎖效應」（latch-up）難題，也因此獲頒 IEEE 院士（IEEE Fellow）的最高榮譽。

當時胡正大努力了二、三年，終於發現了問題癥結所在，更可貴的是，他找出解決辦法，讓 CMOS 可以進入量產！有一年他在電子產業年度盛事，IEDM 國際技術論壇會場，碰到一位陌生的 Intel 與會者，特別跑到胡正大面前向他道謝說「胡博士，謝謝您發表的論文救了 Intel！」的確，Intel 當初幾乎傾盡全力投入 CMOS，假如閂鎖效應的難題沒有適時解開、產品無法量產，Intel 的確很危險。

幫助台灣產業　最開心的五年

1983 年胡正大舉家由紐約搬到矽谷，其後 13 年一直在矽谷的企業中發展，最後成功說服胡正大回台灣的關鍵人物，是工研院顧問 Bob Evans 及院長史欽泰。當時胡正大對於空降管理有點擔心，有一天在 1995 年 IEDM 年會遇上電子所來的崔秉鉞，聽到他以電子所員工身份的誠摯邀請，也才終於放下心。

1996 年胡正大回台擔任工研院電子所所長，當時人才正大量流向產業、加上國防役從六年改為四年，一下子走了很多人，大鬧人才荒。在此情況下，胡正大除了繁忙的所務外，還完成了四件對台灣產業影響深遠的大事。如今回想，胡正大說「在電子所的五年，是我人生中對台灣產業最有感覺的一段工作期間！很忙、很累，但也非常有成就感！」

竹劍少年胡正明在家裡後院拍的神氣照片，看得到父親「研究發展室」的招牌，此時胡正大還在讀初中（提供：胡正明博士）

加入 WSC　登上世界舞台

規劃成立台灣半導體產業協會（TSIA）並擔任秘書長，胡正大最重要的使命之一，就是推動 TSIA 加入世界半導體理事高峰會（WSC），讓台灣與世界平起平坐。WSC 成立於 1996 年，一開始是由美國 SIA、日本 EIAJ、歐盟 EECA 及南韓半導體產業協會 KSIA 所組成。TSIA 百般周折，一直到 1999 年，台灣才首次參加 WSC 年會，成為 WSC 第五個成員，當時由張忠謀親自帶隊，可說是台灣半導體產業的重要里程碑！

胡正大在 TSIA 期刊裡的「百轉千折，邁向 WSC 之路」一文，記錄了台灣努力了二年的過程。其中的關鍵之一是 1997 年美國 SIA 新會長上任，TSIA 隨即邀請他來台訪問。同年 11 月

台灣半導體產業大事（1996~2000）

時間	產業大事	影響 / 2020 現況
1996	TSIA 成立	首屆理事長：史欽泰 目前會員廠商 130 餘家佔台灣 IC 產業總產值八成
1999	TSIA 加入 WSC	本屆 TSIA 理事長劉德音 2020 年 8 月 26 日起輪值 WSC 全球主席，為期一年 21 年來台灣享受到與美、歐、日、韓、陸的半導體進出口關稅為零
1997~2001	勝訴美國 SRAM 反傾銷案 （早開始晚結束，歷時 3 年多）	TSIA 主導打贏官司，保護台灣半導體產業發展至今
1998~2000	勝訴美國 DRAM 反傾銷案 （歷時 17 個月）	

AMD 總裁 Mr.Jerry Sanders 來台灣演講，他是美國 SIA 理事長，趁此機會 TSIA 又特別邀請史欽泰理事長及張忠謀常務董事出面交換意見，並請他們支持 TSIA 加入 WSC。胡正大表示，這兩次高層對話，對於台灣成功加入 WSC 助益匪淺。

對於 TSIA 終能成功加入 WSC，胡正大表示，「也應該感謝政府，特別是經濟部、財務部的積極協助，另外也要特別感謝史欽泰理事長及張忠謀董事長的大力協助。」

CLO18/CLO15 ESD Qualification 慶功餐會
時間：民國90年3月29日　地點：卡爾登飯店 2F悅園中餐廳

2001 年，胡正大加入台積電研發部門後，首個專案 0.18 及 0.15 微米 ESD 製程驗證成功

反傾銷訴訟　台灣半導體業第一宗

1997 年 1 月 17 日美國美光（Micron）公司向美國國際貿易委員會（ITC）及美國商務部（DOC）提起反傾銷訴訟，指控對象是台灣及韓國的 SRAM 製造商。胡正大表示，「當時台灣半導體剛在世界上嶄露頭角，所以美國人就盯上了！」

TSIA 隨即緊急召開會議，台積電、聯電、世界先進、華邦、茂矽等九家公司出席，決議號召廠商聯合行動！這是台灣半導體產業第一次面臨大規模的國際訴訟，大家都沒有經驗，如果官司敗訴，可能的後果就是斷送了台灣在半導體的發展契機。

SRAM 的反傾銷訴訟，台灣一路輸。逆轉勝的關鍵是在商務部這邊慘敗後，律師提議「我們到法院去告！」因此一狀告上國際貿易法庭（Court of International Trade, CIT）。法院判

2000 年張忠謀（右二）帶隊參加 WSC 年會，前排右起陳國慈、張忠謀、吳宏仁、胡正大

2000 年，美方控台 DRAM 傾銷案終於落幕。上：左起高啟全、張崇德、盧超群、陳國慈、史欽泰、莊炎山、胡正大、葉振倫。下：胡正大

決台灣勝訴，並要求美國商務部 ITC「重審！」但重審結果商務部依舊判台灣輸，於是我們就再送法院，接著法院再度要求 ITC「再審！」終於，ITC 放棄了，這場官司打到 2001 年才終告結束。

化被動為主動　台灣也告美國

美光於 1998 年 9 月在 SRAM 案尚在進行中，竟又再度對台灣業者提出 DRAM 反傾銷的控訴，此影響更大！當時台積電法務長陳國慈想出另一個對策。既然美國有商務部和國際貿易委員會，台灣也有經濟部和貿易調查局，那我們就在台灣對美國也提出反傾銷訴訟。「在經濟部的初判時，我們就贏了，」胡正大說「經濟部並非袒護，而是我們確實提供了美國對台傾銷 DRAM 的證據！」他強調，「台灣廠商不甘示弱，首開國際先例，反制策略運用成功，對本案的勝訴，具有相當重要的影響。」

一位當年見證這場緊張商戰的人士說，台灣半導體業者的全力參與之外，胡正大對技術通透，不但英文溝通流利，而且還能把技術說得淺顯易懂，關鍵時刻更親赴美國 ITC 對答，加上態度真誠、光明磊落，在法庭上留下很好的印象，這也是二場官司能夠勝訴的重要關鍵。

胡正大又說，Christopher Corr 律師當時為台灣做了一件很重要的事，他要求美國財政部將台灣企業被課的稅成立專屬信託帳戶，三年

TSIA成立大會（1996.11.26）左起：莊炎山（南亞）、陳心正（德碁）、簡學仁（世界先進）、盧志遠（世界先進）、吳宏仁（聯電）、張忠謀（台積）、史欽泰（工研院）、吳敏求（旺宏）、吳欽智（揚智）、林坤禧（台積）

胡正大與敦泰同仁為竹科四十週年慶生

後台灣贏了官司時，僅 SRAM 案就退了 2 億多美元。胡正大說，要不是這麼作，凡是款項納入美國國庫，「就永遠拿不出來了。」

敦泰、敦捷　持續創新

　　胡正大認為，半導體蘊含多種科學，需要不斷動腦、持續創新，極具挑戰性，是一個非常值得投入的高科技產業。不過他也強調，最重要的還是「做自己喜歡的事！」唯有做自己喜歡做的事，你才能夠把事情「做通、做好、做精」，自然走出一條路來。

　　敦泰創立以來，從觸控開始，接著做顯示驅動、指紋辨識，專注的就是「人機介面的晶片」。如今，技術團隊跨足生醫領域，敦泰子公司敦捷光電，透過偵測脈搏跳動，不需侵入人體，就能在中風前兩三天發出預警，目前已和台大醫院一起進行臨床實驗。　Wa-People

世界級隱形冠軍
挑戰不可能　解製程的痛

文：陳玉鳳　圖：古榮豐

勇於與眾不同，必須經得起試煉！印能以半導體全球首創的高低壓除泡技術及製程解決方案、超過 30 項專利，獲得國內、外封裝測試廠的青睞，如今已是國際矚目的製程除泡解決方案專家

「我們是一家不願意放棄『挑戰不可能』的公司。」這聽起來有點拗口的句子，是印能科技董事長洪誌宏對自家公司下的定義。印能科技挑戰了哪些「不可能」呢？其實，印能的誕生，就是緣起於一件不願放棄的堅持。

從製程問題切入　提供解方案

台灣擁有眾多電子、半導體製造工廠，對於設備和材料的需求量極大，然而這個龐大市場長期以來的主設備供應商多為外國企業，即使政府協助企業多年仍如此，何以故？又當如何突破？「企業該找出自己的天賦並加以不斷地學習使之成為一種傑出的能力、企業的競爭力，而一個製造的強國擁有比那些設備商、材料商更強的是對製程的解析能力。如何發揮自己所熟悉又具能力解封裝測試中的製程問題，使之於設備、材料之外能左右產業的關鍵技術，甚而更勝之」洪誌宏表示。洪誌宏曾在封裝測試廠擔任設備管理、製程與研發多年，因此充分了解封測製程的痛點。

洪誌宏強調，「印能從製程問題切入，目標是幫助封裝業者解決問題，尤其是未來可能面對的問題，而不僅是提供材料、設備。」他精確找出先進封裝面臨的四大製程問題，分別是製程氣泡、產品翹曲、產品散熱、高溫熔錫。隨著 IC 越做越小，半導體製程的微縮，使得這些問題的難度愈來愈高。印能就在這樣的環境中，協助封裝業者解決難題，進而找到公司的發展之路。

善用心智圖

「考大學那一年，是我很大的轉捩點，」回想求學階段，洪誌宏自認是個很用功的學生，但聯考卻完全落榜，「重考這一年，自我分析失敗的原因在於無法善用所學知識後，大部分

洪誌宏（左上）與東吳大學的室友們

印能科技董事長洪誌宏

2019 印能參加 SEMICON Taiwan 國際半導體展

時間都在想事情，那時除了努力找『找自己』，也已經善用後來得知的心智圖來複習功課。」洪誌宏說。

一年後，他考上東吳物理系，但因室友的關係而對企業管理起了興趣，更加入直銷「老鼠會」，「煽動人心的直銷話語術，讓人未賺錢前就先負債，雖然只有數萬元然對當時的我是很大的壓力。」當時直銷的聚會就是群眾催眠，為了賺錢而想盡辦法開拓下線的催眠，結果錢沒賺到，又為還錢而不斷打工，學業瀕臨三分之二可能被退學的邊緣，生活一團混亂。

「家裡收到我的成績單，父親很擔心我，從彰化轉了好幾趟車到台北來看我，父親沒有責罵我，但是我看著他離去的背影，心裡真的很愧疚，覺得自己該扮演好自己的角色，不讓父母擔心了。」他說。

靠打工及家教還完債務的洪誌宏，終於鬆了一口氣。他靠著「心智圖（Mind Map）」，試著想清楚自己的目標，後來也用來找出真正有效率的學習方式。

動手作筆記　維持新鮮記憶

洪誌宏想考研究所，重考那一年習慣描繪「心智圖」的幫助很大，在讀書計畫與考古題中，他找到了勝利讀書方法，重點在於人類所能保有的記憶時間長短，再加上時間若充裕「慢慢讀！徹底理解課本內容後，自己動手做筆記，

每次只寫下需要再次複習記憶的部分，之後不斷濃縮筆記內容，確保自己直到考試前都有著『記憶猶新』的感覺。」

這個方法奏效！未在校外補習的他，所有報名的研究所都考上，遂選擇了近新竹科學園區的交通大學電子物理系。

自己找到讀書方法的過程，給了洪誌宏一些啟發，「不必走一般人走的路，當大家都說該如何做才能成功時，事實未必如此，你可以有別的選擇。」之後的汽車駕照取得亦復如此。

如今，洪誌宏的創業策略清晰、目標明確，部分要歸功於他善於利用心智圖。他也將心智圖用來培訓員工，一方面增進溝通，同時也協助員工想清楚目標與方向，並快速成長。

第一原理　抽絲剝繭

特斯拉電動車創辦人伊隆・馬斯克（Elon Musk）提醒大家以量子物理的第一原理（FIRST PRINCEPLE）將事物回歸本質，然後抽絲剝繭從中推論，避免埋首於頭痛醫頭、腳痛醫腳、人云亦云的窠臼。到底如何解題？洪誌宏說，答案還是心智圖－進階版的心智圖。

印能之所以能滿足眾多客戶的心，有兩個關鍵。首先是對於核心製程技術的理解。印能掌握「高壓與低壓氣體在高溫與低溫下的調和運用」的核心技術，成為備受業界肯定的「製程除泡解決專家」。

以核心技術出發，印能一路從提供消除製程氣泡的解決方案，擴展至提供「封裝材料翹曲抑制」、「無氣泡高溫熔錫」及「高功率與高效能封裝晶片散熱」等製程的解決方案，進而開發出專為半導體封裝測試「自動化生產搬運系統」與「製程效能整合系統」兩大事業處。

另一個重要關鍵，則是「在客戶製程還沒開始前，我們已預知會發生什麼問題，而且已

2020 年蔡英文總統頒發印能「國家磐石獎」

洪誌宏與印能同仁慶賀竹科四十週年

經準備好解決方法，」洪誌宏進一步闡釋這個心法，「擁有獨特的核心技術，這點很重要，但我們不將其視為最主要的競爭力，」他再一次強調，「印能的核心競爭力在於 - 協助客戶大幅降低製造成本。」

加碼投資台灣　創國際競爭優勢

2020 年印能科技獲「國家磐石獎」、「小巨人獎」及「中小企業創新研究獎」肯定。蔡英文總統致詞表示，得獎企業是成功經營的典範，世界級的隱形冠軍，為臺灣產業創造出非常重要的國際競爭優勢。

2020 年 5 月，為服務國際級客戶群，並響應政府投資台灣的號召，印能在新竹投資新台幣 10 億元興建全球營運總部、全球研發中心，以及新世代智慧型生產線，吸引國際及台灣優秀人才加入。

成立於 2007 年的印能，努力至今成為全球半導體封裝製程氣泡解決系統的領導者，全球前 10 大專業封裝廠都是印能科技的客戶；全球前幾大半導體廠以及晶圓代工廠也都採用印能的系統，在國際級企業的供應鏈中，印能已是不可或缺的重要夥伴！

「封裝愈先進、印能愈重要」，洪誌宏指出，隨著半導體製程持續微縮，迎接 3D IC, AI, Data Computing, HPC, Automatic Manufacturing 等的來臨，高階封裝對於製程解決方案的殷切越來越迫切。「印能不做 me too 的設備和材料」這條路不容易，過去 13 年洪誌宏率領團隊堅持下來，也走出了自己的路。接下來的發展，將更精彩也更令人期待。

招兵買馬　永續經營

印能科技的除泡解決方案在全球市佔率將近八成，透過全球營運總部的興建計畫，「印能科技 - 高階封裝製程除泡專家」的品牌形象，號召著更多年輕人一起投入，讓台灣受到全世界矚目。三年前所成立的「自動化事業處」與 2019 年所成立的「製程效能整合系統事業處」兩大事業處，都於今年開始接單也都秉持不做 me too，為客戶帶來獨特製程解決方案的精神，為台灣半導體產業繼續貢獻並留下 MIT 的驕傲。

一路走來，人生就是不斷地在磨難和挑戰中前行，洪誌宏想通了一些道理，「你得先想清楚自己想要什麼？工作上的樂趣（Fun）、成就（Achievement）、金錢（Money），不需要妥協；生活中的家庭、人際關係、人生目的也無須犧牲，因為無常而值當下，一旦想清楚後，就前行，擁抱變化、擁抱挑戰」洪誌宏給自己同仁和年輕世代的忠告是，「值得做的，就不要放棄！」

Wa-People

人和與融合
共築溫暖大家庭

文：Sherry
圖：中美矽晶、蔡鴻謀

竹科元老之一

　　40 年前的台灣，是勞力密集的傳統工業年代，政府為加速台灣經濟改革，1980 年於新竹設立科學工業園區，促進產業升級和技術轉型。39 年前，中美矽晶 1981 年在台灣矽谷 - 竹科的搖籃中誕生，是第八家進駐竹科的公司，為園區創始元老之一。那時的竹科放眼望去，盡是一片舖蓋著石頭路的荒蕪之地。

　　中美矽晶至今歷任五位董事長：創辦人董之英博士、嚴道博士、孫伶伶女士（現為榮譽董事長）、盧明光先生（現為榮譽董事長），以及現任董事長徐秀蘭女士。中美矽晶集團：員工從初期 33 人成長到如今超過 8,000 人。創業時廠房 240 坪，目前在全球 12 國已有 26 個營運生產基地。現今中美矽晶集團市值超過 2,000 億元，在太陽能及半導體的專利超過 1,300 個。此外，中美矽晶亦多角化佈局轉投資朋程科技、兆遠科技、台灣特品化學、宏捷科技等潛力企業，強化集團的實質競爭力並為未來的創新成長做好準備。

　　2019 年中美矽晶集團營收 655 億元，與 1998 年營收 5 億元相比，二十年間成長了 130 倍！回顧創立初期的經營層轉換、資金不足陷入營運險境，以及全球經濟大海嘯和太陽能產業的慘澹谷底，中美矽晶皆能克服險境並安然度過。這些辛苦和心苦的經歷、真金不怕火的淬煉，造就中美矽晶集團榮獲 2020 年天下雜誌 2000 大企業排名的製造業第 58 名及半導體第 6 名。

中美矽晶　太陽能事業

　　中美矽晶於 2000 初年率先投入太陽能材料開發，開啟綠能產業的發展契機，是國內太陽能產業的領頭羊！ 2005 年設立竹南分公司，是世界上少數同時擁有太陽能單晶及多晶技術的廠商。2014 年購併旭泓全球光電（現為中美矽晶宜蘭分公司），產出的太陽能電池的量產

中美矽晶創立建廠前的破土大典，左三創辦人董之英董事長，左四嚴道董事長

莫忘初心，專注心之所向，自我充實並追求進步
具有遠見，找到自己的優勢，並全力以赴
方向對了、方法對了、持續努力、堅毅不撓，抵達願景的路就不遠了

中美矽晶集團董事長徐秀蘭

最高轉換效率及平均轉換效率，不但領先同業，更名列世界前茅。這項併購讓中美矽晶順帶取得德國Aleo Solar GmbH太陽能模組廠，成功串連太陽能產品的供應鏈佈局，達到垂直整合之效益。

2015年投資設立旭鑫能源（現為中美矽晶旭鑫分公司），正式跨足到系統端太陽能電廠的建置與維運。中美矽晶生產高品質的晶圓、電池、模組，並跨足系統端的電廠設置和維運，已發展成國內垂直整合最完整的太陽能公司，同時也是最優質的綠色能源領航者。

中美矽晶創立時的廠房

2020 中美矽晶集團總部

中美矽晶集團 2019 年尾牙晚會，左二徐秀蘭董事長，左三孫伶伶榮譽董事長，左四盧明光榮譽董事長，右三姚宕梁副董事長

環球晶圓半導體事業

環球晶圓原是中美矽晶的一個事業體，2011年自中美矽晶分割獨立。從2008年至今經由四次跨國購併，順利取得完整的產品線和全球半導體一線大廠的客戶群，進而躍升為全球第三大晶圓供應商。透過這四次併購，環球晶圓不但壯大了集團的全球營運藍圖，更在高階經營團隊的卓越經營中，讓原本虧損的這些被併購公司皆快速轉虧為盈。

透過成功整合，環球晶圓由CZ跨入大尺寸磊晶圓和拋光矽晶圓、SOI及FZ半導體晶圓等多元產品，除了生產3吋至12吋矽晶圓，現在更積極佈局第三代半導體材料碳化矽（SiC）和氮化鎵（GaN）產品。於台灣、中國大陸、美國、日本、丹麥、義大利、韓國、馬來西亞、新加坡等9個國家共計16個營運生產據點，為世界第一大非日系半導體矽晶圓公司和全球第三大半導體矽晶圓供應商！

三階段經營成長史

從初生雛鳥成長茁壯為壯碩雄鷹，中美矽晶集團於高科技天空展翅高飛的歷程，可分為三個階段。第一時期 （1981年~1997年） 是創立初期篳路藍縷的年代。經營艱辛且瀕臨絕

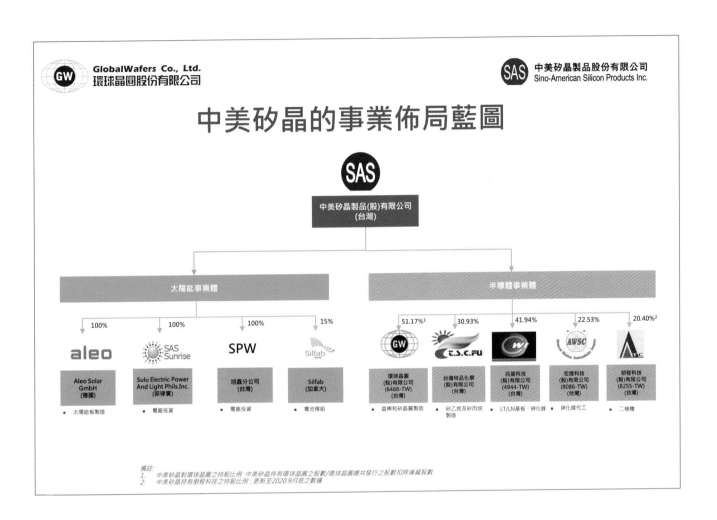

環球晶圓併購史

年份	併購對象	效益
2008	GlobiTech（美）	6 吋、8 吋磊晶技術
2012	Covalent Silicon（日） 母公司：Covalent Materials（前身為 Toshiba Ceramics）	8 吋、12 吋矽晶圓產能
2016	Topsil Semiconductor Materials A/S（丹麥）	跨入 FZ 晶圓領域
2016	SunEdison Semiconductor（美） 1959 年創立，為全球第一家矽晶圓領航先驅者	產品線和全球一線大廠客戶群

境，幸有一群對公司極深向心力和革命情感的同仁們的不離不棄，支撐著中美矽晶的企業生命得以延續。

第二時期（1998 年~2007 年）為專業經理人的領導年代。徐秀蘭執行副總和姚宕梁總經理的專業領導及執行效能，加上孫伶伶董事長的支持肯定和倚重信任，中美矽晶自此脫胎換骨，注入企業成長的活力動能。

第三時期（2008 年~迄今）是企業版圖及營運績效雙創高峰的年代。徐秀蘭總經理（現為董事長）和姚宕梁副董事長的前瞻領導與創新佈局，以及盧明光董事長（現為榮譽董事長）的宏觀遠見與擘劃整合，凝聚為中美矽晶創新成長的重要基石。環球晶圓經由四次重大的跨國企業併購，成為全球第三大及台灣第一大的晶圓供應商。

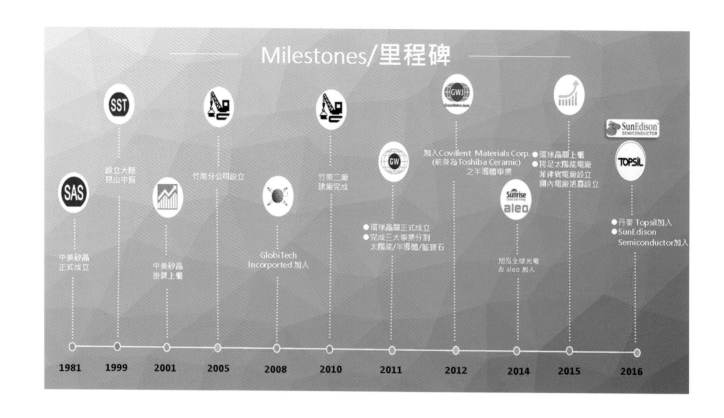

Milestones/里程碑

SAS 中美矽晶 正式成立 | 1981
設立大陸 昆山中辰 | 1999
中美矽晶 掛牌上櫃 | 1999
竹南分公司設立 | 2001
GlobiTech Incorported 加入 | 2008
竹南二廠 建廠完成 | 2010
GW ● 環球晶圓正式成立 ● 完成三大事業分割 太陽能/半導體/藍寶石 | 2011
加入 Covalent Materials Corp. (前身為 Toshiba Ceramic) 之半導體事業 Sunrise aleo 旭泓全球光電 & aleo 加入 | 2012 2014
● 環球晶圓上櫃 ● 跨足太陽能電廠 菲律賓電廠設立 國內電廠旭鑫設立 | 2015
SunEdison SEMICONDUCTOR TOPSiL ● 丹麥 Topsil 加入 ● SunEdison Semiconductor 加入 | 2016

人和與融合　成長茁壯的關鍵

　　誠信、專業、團隊、創新（Integrity, Professionalism, Teamwork, Innovation）是中美矽晶的企業文化；人本、誠信、熱忱、卓群、創新（People, Integrity, Passion, Excellence, Innovation）是環球晶圓的企業核心價值。中美矽晶集團中，有許多夫妻檔、親子檔，足見集團的營運長期穩健，造就同仁家庭的薪火相傳。

　　中美矽晶集團近 40 年來，遭遇過經濟蕭條、全球金融風暴和產業谷底的嚴峻考驗，能夠化危機為轉機，並創造出更多生機與商機，歸功於經營高層的擘劃佈局，以及同仁們的齊心奮鬥。集團的同仁來自 12 國、26 個營運生產據點，組織運作有如小型聯合國。在跨界溝通討論遇有不同意見或聲音時，海內外同仁總能跨越國度、種族及文化的不同，相互尊重學習，秉持「Global Family, Global

中美矽晶集團 37 週年家庭日頒獎典禮

竹科總部同仁團體照

Global Family,
Global Solutions

「人和與融合」是中美矽晶集團的的企業文化（攝影：古榮豐）

2020年竹科四十週年，生日快樂

Solutions」的融合理念，齊心協力團結一致，為集團公司的目標願景共同努力。集團海內外公司的所有同仁，是公司成功的最大英雄，更是公司永續經營的命脈。

中美矽晶深知人才是企業展翅的重要關鍵，非常重視人才培育。公司氛圍和樂溫馨，同仁於工作的專業傳承和經驗的無私分享，形成中

美矽晶集團的「人和與融合」的企業文化，成為高科技產業中獨樹一格的美麗風景。

勇敢追夢
一步一腳印實現夢想

正直忠誠、積極負責、專業進取、具有國際觀、語言能力、整合能力、溝通能力和領導能力是中美矽晶和環球晶圓任用人才最重視的關鍵。誠實正直、用心學習、積極進取、具有熱忱、全力以赴，不管做什麼工作都能成功，這是中美矽晶集團給有志於進入科技殿堂的年輕人的勵志良言。

「Small Company, Big Dream」，這是中美矽晶集團現任董事長徐秀蘭於2008年許下的願景。徐董事長表示，「中美矽晶集團的成功，歸功於經營高層及所有同仁的眾志成城和全力以赴，共同成就的榮光碩果。每一位同仁，都是公司運轉順暢的重要齒輪，每一位同仁，都是公司達成企業願景的最大英雄！衷心感謝集團海內外各公司所有同仁的辛勤努力與價值貢獻！亦感謝同仁家人的鼎力支持！中美矽晶即將邁入第40個年頭，期許集團海內外各公司的所有同仁，與公司並肩同行攜手共進，持續創新追求成長，再創中美矽晶集團下一個40年的輝煌年代！」

Wa-People

四十歲的重大決定　竹科與我

文：郝挺　　圖：郝挺、蔡鴻謀

外公的影響

　　我的這一生，與新竹科學園區結了深深的緣分。

　　小時候，外公住在新竹光復中學對面的下坡路段，也就是現在名為赤土崎的地方，學校放寒暑假時，都會跟著媽媽回娘家遊玩，這是我童年時期最開心的事。

　　外公一輩子都是工程師，也是我走入理工科系的啟蒙老師，他常常騎著腳踏車，載著我經過交大的博愛校區，指著它向我說：這間學校的工學院，在大陸可是數一數二的呢！當時天真的我，腦袋瓜裡就憧憬著長大後要學工科，並期許著將來要進入交通大學。

四十歲的關鍵性決定

　　1973 年的大學聯考，把我再次帶回新竹，我在十八尖山下的交大博愛校區度過了四個寒暑。那時，學校規定所有學生一律住學校宿舍，年輕氣盛的我，趁著課餘時間，把博愛路、學府路與校園方圓 10 公里內，走得透透徹徹，誰會曉得當時荒蕪一片的空曠土地及綠油油的茶園，如今已發展成為擁有數間護國神山企業的科學園區。

　　1977 年交大畢業後就到美國柏克萊大學（UC Berkeley）電機研究所，畢業後在美國矽谷就業、成家。1994 年起，任職於休士頓美國康百克（Compaq）電腦總部，期間在我視察全球製造及業務的過程中，在台與曹興誠、宣明智、高次軒三位早期竹科進駐企業之重要推手，亦是我交大的學長們重逢，次年，就在我 40 歲時，做了我這一生中關鍵性的決定，承擔起新創公司成長與獲利的重任。

飛越太平洋往返台美

　　1996 年 8 月，聯傑國際股份有限公司在新竹科學園區成立，公司英文名稱為 DAVICOM，其分別代表：D（資料 Data）、A（音訊 Audio）、V（影像 Video）、I（網際網路 Internet）、COM（通訊 Communication）。

1996 年辦公室留影

2019 聯傑國際獲「中華民國傑出企業管理人協會」頒發「金峰獎」十大傑出企業

第十九屆金峰獎頒獎典禮
金峰獎
亞洲金鑰 世紀之峰

2019 聯傑國際獲「中華民國傑出企業管理人協會」頒發「金峰獎」十大傑出企業

交大校友總會理事長、聯傑國際董事長郝挺

回首創業路上的篳路藍縷，台灣團隊最初前八年在園區內寄人籬下，先是租用園區二路訊康科技公司的廠房，其後又搬進工業東九路信越半導體的辦公樓，直到 2004 年，也是公司成立的第八年，聯傑國際大樓完工落成並正式啟用，大樓位於台積電張忠謀大樓的正前方，公司的門牌號碼是新竹市科學園區力行六路六號，很吉祥的號碼，也讓公司「六六大順」，由於員工強大的向心力，三年後公司順利在台灣交易所成功掛牌上市。

那時候的我，時常隻身一人飛越太平洋往返台美，因孩子教育問題，妻女留在美國，我先後住進在新竹科學園區竹村七路的單身公寓、竹村三路的公司宿舍以及竹村二路的雙拼別墅，而美國矽谷與台灣之間的天空就成了我與家人間的鵲橋，也是我們思念的距離。在機場裡，最常看到的風景，就是那些我熟識的、不熟識的竹科夥伴們，大家拉著行李箱忙碌的穿梭在許多大城市的機場，而台灣的高科技產業，就是靠著這些先行者打下了一片天，拼出更多的機會，以創造更好的未來。

2004 年竹科夥伴同遊 St Andrews（黃民奇、宣明智、郝挺、林淑玲、高次軒）

2004 年聯傑國際大樓落成典禮嘉賓合影（左起張家振董事長、潤泰集團尹衍樑董事長、聯傑國際郝挺董事長、創意石克強創辦人、產業人物王麗娟主筆、潤弘精密賴士勳董事長）

竹科精彩時光

歲月從 1996 年流經到 2020 年，我在竹科已經打滾了 25 年，自 40 歲那年深耕竹科，轉眼間我已步入 65 歲，職場生涯超過 60% 的時間是在竹科度過，許多前輩說：40 歲到 65 歲是人一生中最精彩的時光！而我把生命裡最重要的時期留給了新竹，因為這片土地是我深愛的地方，在這有我的啟蒙、成長、茁壯⋯，也想在此飲水思源、回饋社會，幫助更多的學弟妹們及後進者。

2020 年我與聯傑員工祝賀竹科四十週年生日快樂

2005 年小女兒 Visit 竹科宿舍

2007 年 8 月 6 日聯傑國際掛牌上市

2015 年聯傑 20 周年員工大合照

　　1980 年成立的竹科今年 40 歲了，這 40 年來，竹科的建設是有目共睹的，環境規劃、企業進駐、社會責任及與工研院、學術界合作等等，都培育出相當多的優秀人才及成功企業。若要提對竹科還有什麼建言，那可能是竹科長年的交通問題，因為自高鐵、五楊高架通車後，竹科周邊上下班仍有塞車問題，這或許是仍可進步的地方。

　　竹科在台灣六大高科技產業園區中，扮演著開路先鋒的重要角色，我衷心地感謝、感恩新竹科學園區給了我如此豐富又精采的人生，謹在此獻上滿滿的祝福，竹科，40 歲生日快樂！

　　並期許未來的十年，新竹科學園區更加茁壯，為台灣創造更高的產值，培養出更多優秀人才，帶給人民更多的經濟及人文利益，也衷心盼望 2030 年，當我 75 歲時，能跟大家一起光彩的共賀：竹科，50 歲生日快樂！

Wa-People

匯集 116 家企業
高科技廠房設施委員會的故事

文：莊子壽、張陸滿　　圖：高科技廠房設施委員會

高科技產業對台灣經濟及全球高科技發展具有高度貢獻，
高科技廠房設施委員會號召會員廠商緊密合作，
支持高科技產業達成生產製造安全、效率，環保、智慧化的目標

第一作者：高科技廠房設施委員會主席 / 台積電廠務處資深處長莊子壽博士（左）
第二作者：高科技廠房設施委員會秘書長 / 臺灣大學及美國普渡大學張陸滿名譽教授（右）

SEMICON Taiwan 2020 高科技廠房設施貴賓晚宴，慶賀竹科四十週年

廠房設施　支持高科技產業發展

　　廠房是高科技製造中不可或缺的重要環節，高科技廠房設施包括建築、水電空調、儀表控制、管線設備、廢水廢氣處理、環境生態保護等設施，肩負著將高科技產業所需的製造條件精準到位的使命。高科技廠房設施工程涵蓋規劃、設計、採購、施工、試車、移交、維護及經營管理高科技廠房的相關工程。

　　高科技產業包括微電子、光電、精密儀器、電子通訊、奈米科技、藥品配製、微生物研究、醫療設備、動物實驗、航太科技等產業。由於高科技產業的大幅發展，提昇了台灣在國際間的競爭力，也促使台灣其他產業升級、帶動台灣經濟發展。如此，高科技產業不僅是對台灣經濟發展有深遠的影響，同時因其製程之精良、技術之創新與突破，對全球高科技的發展具有相當之貢獻。

籌組委員會動機

　　在資訊科技突飛猛進的時代，不論在那個高科技產業，其背後所需之核心產品就是半導體，用半導體製作出來的元件，將細緻複雜的軟體程式連結，最後啟動使用端高科技產品之應用，半導體可以說是高科技所需的基本糧食（Grains of High-Tech）。

　　有鑑於此，漢民科技許金榮副董事長（漢微科前董事長及漢民科技前總經理）、台積電廠務處資深處長莊子壽，以及國立台灣大學工學院高科技廠房工程講座教授張陸滿，過去分別在產業界和學術界累積多年經驗，在 2010 年年初深感於台灣國內產業間單打獨鬥之困境，半導體製程中的設備及材料仍十分倚賴國外進口，國內沒有如同國際間有產業聯盟做建廠驗證等等服務。台灣的確需要一個組織來整合潛在之能量、有效運用資源，提升台灣高科技廠房設施及設備之關鍵技術，厚植台灣高科技廠房設施之產業競爭力。

　　而此願景，當時獲得台積電副董事長曾繁城、旺宏電子董事長吳敏求、建邦創投董事長胡定華、漢民科技董事長黃民奇、國立清華大學科技管理學院院長史欽泰、工研院院長徐爵民、采鈺科技執行長林俊吉、聯電資深處長高慶揚的支持，並推薦給國際半導體產業協會

（SEMI），在其協會組織裡，加設高科技廠房設施委員會。此舉獲得 SEMI 台灣地區總裁曹世綸全力支持並配合籌組，而此間，聯電前董事長曹興誠也情義相挺，共襄盛舉，經過半年籌備，成功籌組 「SEMI 台灣高科技廠房設施委員會」。

高科技廠房設施委員會 2019 年第四屆會員大會暨理事會改選

「SEMI 台灣高科技廠房設施委員會」於 2013 年 10 月 3 日正式成立。當天有來自晶圓代工、半導體製造設備供應商、半導體製造材料供應商、設計營建工程業及學術研究單位共 45 家、64 位代表參與。在 SEMI 組織中係全世界第一個以談廠務系統技術重點之委員會，藉由學術界挹注研發能量，並透過 SEMI 擁有全球電子業製造設備及材料會員的資源，結合國內高科技廠家、建築師、設計顧問、營造廠、設施營運維修專家…等共同合作。期許經由該委員會的推動及互相合作，台灣廠商有能力走出台灣、踏上國際舞台，透過不斷成長並參與國際技術標準制定，以期協助臺灣高科技產業持續向上提升，在國際間站穩高科技產業之領先地位。

四大願景　會員 116 家

該委員會之願景 （Vision） 係提升臺灣高科技廠房設施之關鍵技術及產業實力，持續穩固臺灣國際高科技產業之領先地位。委員會的任務 （Mission） 有 4 大目標：（1）整合臺灣國內、外高科技的相關資源，（2）厚植臺灣高科技產業之競爭力，（3）透過相互合作來促進廠房設施關鍵技術之提昇，（4）增益廠房設施標準之擬定。目前，委員會共有 116 家會員參加。基本上，委員會是以擁有生產廠房的業主廠家為核心，目前有台積電、聯華電子、旺宏電子、茂迪光電、友達光電、群創光電、日月光半導體、臺灣美光、華邦電子、世界先進，南亞科技等業主廠家參加。

委員會的各項活動，大部分係由業主主導。此外，更有多家國內外提供製造設備、生產材料的廠家相繼加入陣容，大力協助和參與。其中有漢民科技、帆宣系統科技、千附實業、洋基工程、晃誼科技、安葆電能 （Am-Power）、瑞士艾波比 （ABB）、德國西門子 （Siemens）、日商奧璐佳瑙科技 （ORGANO）、美商英特格 （Entegris）、英國愛德華科技 （Edwards Technologies）、法國亞東工業氣體 （Air Liquide Far Eastern）、施耐德電機 （Schneider）等數十家參加。

在高科技工廠生產製造之前後，均須有廠房設施之配合，所以專精廠房設施的建築師、工程設計技師、營造廠，亦應邀加入委員會之運作。知名的中鼎集團、中興工程顧問、亞新工程顧問、林同棪工程顧問、潘冀聯合建築師事務所、漢唐集成、亞翔工程、達欣營造、互助營造、根基營造、泛亞營造也都加入委員會

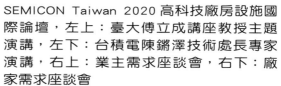

SEMICON Taiwan 2020 高科技廠房設施國際論壇，左上：臺大傅立成講座教授主題演講，左下：台積電陳鏘澤技術處長專家演講，右上：業主需求座談會，右下：廠家需求座談會

運作的行列中。

另外，針對提升廠房設施之關鍵技術，譬如電磁波干擾消除、提高自動物料搬運系統效率、微振動預防及消除、廠房設施資訊模擬、4D 智慧排程及模擬、微顆粒及化學不純物之過濾、廢棄物處理、節能減碳、環境生態保護、智慧廠房等課題，包括臺大、清大、交大、成大、北科大、中央大學、工業技術研究院、國家地震工程研究中心及臺灣營建研究院等相關研發單位，也紛紛加入委員會。期盼透過通力合作，共同提升廠房設施關鍵技術及高科技產業的實力，持續穩固臺灣於國際高科技產業之領先地位。

源源活水　歡迎年輕人加入

委員會第一屆（2013-2015）、第二屆（2015-2017）主席係由漢微科前董事長暨漢民科技副董事長許金榮擔任。第三屆（2017-2019）主席則由台積電廠務處資深處長莊子壽博士接任，第四屆（2019-2021）主席仍由莊子壽資深處長繼續領軍，並由群創光電廠務處李重仁總處長、帆宣科技林育業總經理，聯華電子許書章處長擔任副主席。

（委員會詳情網站 http://www.htftaiwan.org/）

2020 年全球在冠狀病毒的肆虐之下，高科技產業在台灣的發展更顯得格外重要，高科技廠房設施委員會期望年輕人加入高科技產業發展行列，繼續為臺灣的高科技產業注入源源不絕的活水。

委員會希望以下列看法與年輕人及後起之秀共同勉勵：

1. 要勇於嘗試，去尋找更理想的未來，將在錯誤中所獲得的失敗與教訓，轉換成再出發的能量。

2. 人生如逆水行舟，不進則退，需要不斷精益求精，千萬不要意滿自得，逐漸頹廢腐化，而最終被時代的洪流沖刷而逝。

3. 任何行業團隊，合則興盛，分則敗亡。在團隊中行事，要求你贏我贏的雙贏，而非求取你死我亡的雙輸。

Wa-People

悄悄告訴你
富足人生的秘密

文：周湘雲　圖：古榮豐

柯達院士　見證光榮與轉型

　　2006 年一通來自工研院前院長劉仲明的來電，就像是上帝打開替程章林博士預備的窗口。有機會回到臺灣，接下工研院影像顯示科技中心主任的職務，不但圓了程章林心中想要回家鄉陪伴年邁母親的心願，也提供他一個回臺灣貢獻產業的機會。更巧的是，顯示中心所在地，正是程章林已故的大哥程章生，昔日在工研院的辦公所在。台大電機系畢業的程章生，當年是工研院派往美國 RCA 引進半導體技術的工程師之一。

　　回顧工作生涯，程章林從 1982 年在美國紐約科技大學取得博士學位後，隨即進入柯達公司，服務時間長達 24 年，從基層研究員開始一路做到 LCD 偏光膜事業部技術長。在產業界深耕將近四十年裡，程章林專注於技術研究，一路累積豐碩成果，在柯達曾獲得近百項國際專利、二次贏得柯達傑出創新獎，甚至獲選為柯達院士（Kodak Fellow）此項崇高的榮譽，並帶領團隊開發出世界上最薄的 LCD 偏光膜。

　　當時程章林對柯達的印象是一間有著光榮歷史及一流文化，既有溫情，又充滿色彩度的百年公司。有很多同事都是三代同堂，祖父、兒子、孫子都在柯達工作，而且一輩子就只在柯達工作，直到退休。

　　「每個人的辦公室中都掛著世界上最棒的照片，可以看到非常多優秀攝影師的作品」，程章林說，當時柯達提供給員工無限制的底片，公司內的暗房也都讓員工使用，裡面沖洗照片的藥品也無限供給，所以程章林的很多同事都會自己去暗房沖洗照片。回想起在柯達工作的

2011 年程章林獲東元獎，全家無比喜悅

這是一對精彩、富足的夫妻檔。產業中，程章林博士帶領的技術團隊，研發成果廣受海內外肯定。陳琪君曾是全錄首席科學家，如今是工研院材化所的顧問。生活上，他們總是那麼熱心，樂於分享並啟發年輕人。

清華大學業界導師程章林教授與工研院陳琪君顧問

2020 秋日午後，夫妻倆的靜好時光

棄，因此錯失數位先機，終於導致了柯達的殞落。程章林深刻體會，技術不是問題，特別是「人」，才是轉型中最大的障礙。

返臺後，程章林帶領工研院影像顯示科技中心，整合跨領域團隊研究軟性顯示技術，2010 年榮獲華爾街日報年度科技創新獎以及總體金獎，接著又於 2011 年獲得第十八屆東元獎，程章林對產業的貢獻，深受海內外肯定。

日子，程章林形容「真的是相當美好愉快，相對於矽谷的公司的競爭，會覺得這裡的上班生活悠然自得，沒有甚麼壓力。」

技術創新　深受海內外肯定

其實程章林進柯達時，柯達正在準備轉型數位化，公司也已成立數位影像事業部門，當時是用非常賺錢的傳統攝影部門來支持這個新單位。問題就在於公司整個文化還是傳統的文化，在任何的轉型過程中，必然都會遇到新舊文化的衝突，程章林正好親身經歷了柯達內部文化衝擊的過程。

雖然柯達是最早發明數位相機的公司，但因為傳統底片的生意實在太賺錢了，捨不得放

任業界導師　影響年輕新世代

2018 年程章林博士從工研院退休，他認為接下來回饋社會是最重要的事情。退休那年交通大學光電工程學系聘請程章林擔任講座教授，隔年友達光電也邀請他擔任獨立董事。2020 年清華大學材料科學工程學系邀請程章林擔任業界導師，這不只增加他接觸年輕人的機會，也符合程章林將自身產業經驗，回饋於社會的想法。

在清華，程章林以業界導師身分指導六名學生，這些學生分別來自於大學部與研究所，最小的是大二生。看著這些年輕的學弟妹，他常常回想起自己當年在清華讀大學的樣子，認為現在的學生比起自己當學生的時代，能取得

結褵四十餘載，相敬相愛的夫妻倆

與需要面對的資訊要多上許多，就連提出的問題也都要比以前的學生要複雜很多。

他也發現新世代做抉擇跟自己以前那時代的學生做抉擇很不一樣，現在要做抉擇是更為複雜的事情。因此現今的年輕人在做抉擇時經常是以「C/P 值」（Cost/Performance，簡稱「性價比」）來判斷一件事情的價值，比如說學生們可能就先算自己要花多少年拿到學位？要先到台積電？還是繼續讀碩、博班？考慮哪樣的選擇 C/P 值才高。他認為年輕人用 C/P 值，單以金錢跟時間來衡量人生未來價值，而沒有考慮人生的理想，實在是相當可惜的事情，也是現在年輕人從業最大的陷阱。

勇於作夢　熱情追夢

程章林回想自己的童年，他出身於高雄鳳山的鄉下地方，父親在臺灣光復後，為了謀生

而從福建離鄉背井來臺灣銀樓學藝，後來經營著一間小小的「金仔店」，家中附近眷村的外省阿兵哥很多都是他們家的老主顧，也由於大家都是異鄉人，所以很容易變成一輩子的朋友。也因為這些阿兵哥的照顧，讓他們家得以維持生計。

程章林九歲時，父親積勞成疾不幸過世，由母親一肩挑起撫養六個小孩的家庭重擔。經歷過小學一年級的頑皮階段，程章林在學校老師的帶領下開始用功讀書，考得好成績，也因此從小學三年級開始總是當上班長。當時他是班上個子最矮小的學生，卻每天早上都站在隊伍的最前頭，帶領著七十多位比自己高的同學列隊參加朝會。

「我從小就不覺得了解自己，尤其在我們那個年代，不像現在的人會想要去探尋自我，我們那個時候大部分都很聽老師父母的話。」程章林回想著過去的自己，他做事總是習慣於按部就班。或許是成長過程中，周遭總有著師長的鼓勵，外人的稱讚，家中也有母親的支持與愛護，所以程章林從小就對自己一直抱著很大的希望，認為自己不會一輩子滯留在鄉下。小時候就夢想著能夠離開小鄉鎮到北部，甚至到國外去闖蕩，雖然不知道自己要做什麼，但就是想要去看看外面的世界。也因為有這樣的夢想支撐著自己，他一路往上求學，對自己很有自信，也讓夢想一步步逐漸實現成真。

受了《未央歌》影響，程章林特別嚮往清華的自由學風，考大學時的前幾個志願都是填寫清華的科系，放榜時如願考上清華化學系。他還清楚記得大一開學前搭乘著臺鐵的平快夜

熱心的二人，在竹科四十週年為年輕人說故事

車北上，從鳳山到新竹，這是他生平第一次搭乘平快火車，也是人生第一次離開南部，跨越濁水溪。搖搖晃晃的列車不只是開往北部，也是往他人生的另一個開端前進。進入清華，成為程章林開始追夢的起點。

人生伴侶相扶持　同行致遠

大二時，程章林很幸運認識了小一屆的學妹陳琪君。陳琪君就讀北一女時曾入選參加奧運體操國手的集訓，一進入清華就是校內的風雲人物，除了活躍於各社團活動，有出色的表現，還在全國大專盃比賽中替清華奪得三金一銀獎牌，更拿下個人總錦標，創下清華在大專盃前所未有的佳績。升大二後，程章林個性上也有了很大的轉變，他變得更積極主動，他爭取當班代表並競選代聯會主席，後來雖然沒有

選上，但也因擔任代聯會的幹部，而得以與身為代聯會副主席的陳琪君有更多相處的機會。程章林個性謹慎；陳琪君個性樂觀，性格互補，彼此欣賞，人生的道路決定一起結伴同行。

1978 年程章林與陳琪君在出國留學前結婚，一起飛往美國紐約攻讀學位。兩人本來就讀不同的學校，但陳琪君在讀了一年後就轉學到程章林就讀的紐約科技大學，以方便互相照顧。在美國的第二年，夫妻倆有了兒子。陳琪君在學期中懷孕，曾經在帶領一群學生進行實驗時，因身體不適而暈倒，雖然沒有大礙，但也嚇壞了程章林。幸好陳琪君的母親到美國替女兒坐月子，並先將孫子帶回臺灣照顧，這才讓陳琪君可以全心完成論文。

陳琪君取得博士學位後進入全錄公司（Xerox）工作，她表示很感謝先生程章林對她投入工作的支持，曾經遇到公司外派她到明尼

「積體電路技術引進 25 週年紀念會」上，程章林的大哥程章生，接受孫運璿資政頒獎表揚。大合照時，程章生站在第二列左一

蘇達大學擔任 Industry Fellow 半年，程章林毅然負起家中照顧小孩與岳母的責任，毫無埋怨。

而程章林則認為是太太陳琪君的犧牲比較大，因為太太一直都是表現相當傑出的女性，還是全錄公司的首席科學家，工作成就並不比他差，但 2006 年為了配合他，放棄全錄公司的工作回臺灣，雖然在工研院材化所所長室擔任顧問，但在回臺灣後卻像都變成了他一人表現的舞台。

夫妻二人都是虔誠基督徒，結縭四十餘載，他們相敬相愛，都替對方保留著相互信任的空間，不但默契絕佳，更是人生道路上相互扶持的好伴侶。

眼光放遠　心胸放寬

回首自己的人生，程章林表示自己從來都不覺得有缺乏過，而且日子還過的越來越富足，他強調，這個富足不是取決於賺到的金錢，而是來自於愛人與被愛所得到的滿足。

程章林會希望年輕人可以想想這兩個問題，第一是「你的熱情在哪裡？」，第二是「你人生目的在哪裡？」。他鼓勵年輕人勇於做夢，而不是只看重薪水多少，畢竟人生有很多最寶貴的東西都不是金錢可以買到的。年輕人最棒的事情是可以作夢，而且還有很多時間可以去圓夢，這些都是無價。探索瞭解自己的興趣，然後有更遠大的夢想，要到外面的世界去看看，開闊眼界，做一個不吝惜付出，勇於愛與被愛的人。

在程章林的記事本裡有一段話，他經常用來提醒自己：生意人的帳簿，記錄收入與支出，兩數相減是獲利。人生的帳簿，記錄愛與被愛，兩者相加是成就。

Wa-People

關心循環經濟
科技人辦超市　跨界賣健康

文：藍玥　　圖：崇越科技

- 1980：竹科成立
- 1990：崇越科技成立
- 1999：九二一大地震，崇越展現超強供應鏈
- 2020：竹科四十，崇越三十

台灣最大半導體代理商崇越科技，成立三十週年，已在台灣半導體王國建立綿密的供應網絡。從早期工研院電子工業研究所（ERSO）的 4 吋晶圓廠、大王電子製作電晶體，一路到聯電從電子所衍生（spin off）出來，以及半導體教父張忠謀從美國延攬優秀人才回台，奠定台積電成為台灣的護國神山；崇越科技幾乎無役不與，一路陪著客戶茁壯、成長，見證台灣半導體的傳奇歷程。

三十年來，崇越科技營收屢創新高，2019 年合併營收一舉突破新台幣 317 億元，近年更積極多角化，繳出漂亮的成績單。在集團董事長郭智輝的帶領下，崇越從半導體業跨足循環經濟，再轉進大健康產業，為下一個三十年超前部署，推升成長動能。

當兵開啟轉折點
管理學第一課

作為一家員工破千人的企業領導者，郭智輝認為服兵役階段，是自我成長的蛻變期。不僅遇到體恤下屬的長官，還接觸許多來自台大、清大的優秀袍澤，人生不再只是吃喝玩樂；這些袍澤紛紛規劃出國深造、進修計畫，大大打開了他的眼界。

「我人高馬大，好勝心也強。」身高 185 公分的郭智輝在軍中學會多元思考及待人處事的不同面向。「在軍中，是我接觸到『管理學』的第一課。」巧的是，聯華電子榮譽副董事長宣明智、鴻海創辦人郭台銘同個時期也都在服

崇越科技三十週年，年營收突破 300 億元大關（左起崇越科技董事長潘重良、崇越集團董事長郭智輝、崇越集團副董事長賴杉桂）

2003 年崇越科技榮獲第 11 屆經濟部
產業科技發展獎

崇越集團董事長郭智輝

兵役；當年的阿兵哥如今都蛻變為叱咤產業的大老。

進修日文　躋身超級業務員

剛入行時，年僅 22 歲的郭智輝，捧著主管丟下的型錄，硬生生將 1800 種琳瑯滿目的產品牢記在心，並發憤苦學日文；兩年後，郭智輝已能與日本客戶流利對答。

起初郭智輝並不了解半導體技術，一有空就跑去重慶南路的書店，或淡江大學應用化學系找書來看，甚至向清華大學、工研院的專家學者請益。經過一番苦功，郭智輝談起產品應用細節時，常常讓客戶誤以為他是生產研發背景出身。

郭智輝表示：「對客戶訊息的掌握，要比其他競爭對手更精確、快速。」郭智輝早期從台北騎著摩托車到竹科跑客戶，一趟路得花上一個多小時。如今，每天都有數十名崇越業務大軍穿梭在新竹科學園區，一方面協助客戶共同開發先進製程，另方面，也充分掌握客戶端的脈動，供上游供應商精準判斷產業趨勢。

921 緊急部署　再創台灣奇蹟

1999 年，台灣發生芮氏規模 7.3 的「九二一大地震」，新竹科學園區晶圓廠遭受重創，IC 製造設備因地震而偏移，廠內石英爐管震碎、中樞供電設備全損，北部半導體廠運轉全面停擺。

台灣晶圓廠停擺，對全世界電子產業造成極大衝擊，半導體產業供應鏈產生「斷層」，也導致委託台灣生產的美國半導體企業股價暴跌；NASDAQ 指數從地震當天開始連續重挫四天；也由於 IC 缺貨，導致終端裝置如個人電腦的價格隨之飆漲。

2000 年，崇越科技是首家上櫃的半導體通路商

2003 年崇越科技成功上櫃轉上市

在竹科廠商極力奔走，以及台電公司的支持下，崇越科技緊急從全球調用製程所需的石英爐管，至晶圓廠全面進行換修。崇越石英生產線在全台電力停擺的黑暗中亮起，日夜趕上下，將震災的損失降到最低。

九二一大地震令台灣半導體產業損失 3 億美元，卻在極短時間內重建復原，當年 10 月，包含台積電、聯電、旺宏等台灣半導體業者的營收，都創下空前紀錄。

創新商業模式　服務 IC 設計公司

崇越集團代理日本信越集團產品，在高階黃光製程具領導地位，光阻液及石英在台灣市場占有率五成以上，攻下市占第一。此外，與日本信越集團在台合資設立崇越石英、台灣信

崇越轉投資安永鮮物健康超市，販售頂級水畜產、熟食、料理包以及機能性食品

越半導體以及信越光電，和供應商建立起緊密的夥伴關係。郭智輝認為：「崇越的業務不僅僅是販售商品給客戶，還需了解晶圓製程及技術，方能與客戶端的工程師及管理階層有效溝通，建立暢通的對話管道。」

隨著近年中國半導體產值規模成長與內需自製率提升，IC 設計產業更是重點扶持項目。郭智輝表示：「崇越去年營收有 45% 來自中國市場，觀察到當地 IC 設計公司數量是台灣的三倍，我們就想出一個新的商業模式─晶圓代工服務（Foundry Service）。」

崇越科技協助 IC 設計公司找到合適代工製造技術、加速產品導入。此外，成立專責單位負責評估及引進 5G 關鍵新材料、3D 列印及第三代半導體材料，尋找合適對象進行策略聯盟及合作，隨半導體製程世代演進共同推展。

布局環保、大健康產業

郭智輝表示：「企業應在獲利時投資新事業、尋找並開發成長第二曲線。」為維持企業競爭力，持續發掘利基產品。每年，崇越提撥部分盈餘投資新事業開發。如今，轉投資之環保工程事業逐年成長，貢獻集團營收已逾一成。

2008 年金融海嘯，郭智輝深切體悟雞蛋不能放在同一個籃子裡，因此開始思考下一步發展藍圖。因緣際會下，郭智輝接觸到日本 ABI 冷凍設備，創辦安永事業，以科技思維建構大健康產業。

崇越科技轉投資安永事業，從生產源頭、加工製造、物流倉儲、通路販售，建立溯源透明化品管機制的一條龍式供應鏈。安永事業除開發具國家級檢驗保證的頂級水產、熟食、料理包，落實推廣「全魚利用」概念，製成機能性食品，並利用魚膠原微胜肽，研發膠原蛋白護膚商品。其中，研發的健康優鮮鱸魚精產品已連續三年榮獲 Monde Selection 金獎認證。

瞭解自己、選擇對的產業

郭智輝笑稱，因個性「如坐針氈、不喜靜」的好動性格，加上喜歡與外國人接觸，因此一投入職場就選擇了貿易業。「先要認識自己，了解自己的個性、條件、興趣，繼而選擇對的產業以及公司。」郭智輝給初入職場的年輕人如是建議。

他認為，「八面玲瓏」一詞其來有自，人亦有八個面向：數理邏輯、文史地理、空間、感官、運動速度、藝術音感、領導管理、情緒智商（EQ）。年輕人可以透過師長或朋友，檢視自己的強項，從事自己「擅長」、「做得好」的職業、選擇具發展性的產業，較易於工作中得到成就感及自我實現。

Wa-People

街頭遇見董事長
科技有旋律、更有溫度

文：勾淑婉
圖：古榮豐

從面板生產到文化保存，從薩克斯風到支持
原住民部落，友達為科技業帶來和煦暖風
他們培訓志工，為到訪的學生講文化故事，
也在 GOLF 平台精心設計課程，培訓即將
踏入產業的年輕人

　　出生於農家的友達光電董事長彭双浪，把對土地的關懷轉化為實際的行動 — 在他的努力下，友達光電在蘇州、廈門和中科的廠區內，均保存了當地的重要文化資產，讓商業發展和古蹟保存得以並存；甚至，擁有多張街頭藝人執照的他，還經常帶領員工一起上街表演，為偏鄉部落募款，也為冰冷的科技業帶來了更多的溫暖與感性。

農家出身　自食其力完成學業

　　「我是在新埔農家出生成長的，」彭双浪說道。「由於家中務農，從小就得下田幫忙。四歲便在路邊擺攤賣甘蔗。更大一點，去山上扛木材。然後，夏天去河裡摸河蚌，賣冰棒，到了國中，曾到工地打工，當泥水師傅的小工，各種零工都做過。」

　　「我想，這是現在很多人都不會有的生活經驗。但也造就了我早睡早起的好習慣。我現在每天四點半就起床早泳，養成了健康的身體。而且，對土地的親近感特別濃厚。」從小貧窮，生活費和學費都得靠自己賺取。儘管嚐盡物質缺乏的苦，但也因曾歷經各種辛苦，都咬著牙關撐過去，養成了正面的心理素質，遭遇挑戰時，能勇敢面對，不怕困難。

彭双浪化身為街頭藝人，表演做公益

友達光電董事長彭双浪

48 年次的他回憶道，「在那個萬般皆下品，唯有讀書高的年代，我們鄉下孩子因為資訊不足，對未來的憧憬非常有限，工程師、老師就是我們心中能想到的最理想工作。」就讀高工，後來畢業於北科大前身台北工專二專工業工程科，彭双浪肯定技職教育重視實作的學習方式，並很自豪當時便取得車床技師合格檢定資格，對於工廠實際運作能有深刻的認識。

外派檳城　開啟國際視野

由於主修工業工程，重視方法論與效率。「提升流程效率，好像已經內化為我生活的一部分。例如，早上我到辦公室時，若去洗手間就一定會帶著杯子，可以順便倒水，才不會多浪費一趟路程。」彭双浪笑說，也因為重視實作，第一份工作在 LED 公司當工程師時，利用工作之餘研究每個製造站點的訣竅，不到兩個月，就能做出比作業員品質還好的產品。

他強調，以技術觀點來看，在學校學的東西，例如計算機科學，其實畢業時可能就已經過時了。科技不斷推陳出新，學校教育的重點應在於邏輯思考和實作訓練，才能相輔相成。也由於技術養成背景使然，即使到現在，彭双浪還是習慣到現場巡視，瞭解基層員工，並時時思考品質與良率的提升。

1990 年，彭双浪加入明基，並赴馬來西亞廠擔任物料及生產部主管。「當時，台灣才剛開放觀光不久，我對馬來西亞一無所知。但仗著年輕，願意挑戰未知，就硬著頭皮去了。」這一待，便是 8 年多。「馬來西亞是由馬來人、華人、印度人等多元種族所組成，文化、信仰、生活習慣均不相同。如何更細膩的做好管理工作，並發揮每個人的不同優點，讓我累積了許多寶貴經驗。」這對彭双浪來說，是個絕佳的

友達蘇州廠保存原來聚落的兩座穀倉、居民門牌及農具用品，規劃成文化展示中心，命名「友緣居」

訓練場所，不僅打開了國際視野、提升英文能力，還在此期間取得 MBA 學位。

另一方面，檳城是一個有文化底蘊的地方，已被聯合國教科文組織列為世界文化遺產。在這生活多年，使得原來就對土地有親切感的彭双浪，更感受到為土地保留文化資產的重要。

彭双浪率友達同仁，慶賀竹科四十週年

友緣居　留下歷史的印記

1998 年，彭双浪回台擔任友達光電供應鏈副總經理。後又於 2001 年，赴蘇州為友達打造海外的第一個製造廠房，擔任蘇州廠總經理。前後一共外派了 13 年多，相當於職涯有三分之一都是在海外度過。

在蘇州建廠期間，彭双浪發現了當地遺留的跨塘穀倉，不僅費心保存，還以此穀倉為主體，把原來聚落的農具用品、門牌都保留下來，規劃成文化展示中心，命名為「友緣居」。「這兩座穀倉代表了江南的富庶生活，可追溯到 1600 年前隋朝的漕運。此外，這裡曾是有 2000 戶人家的古鎮，從宋朝便開始有紀錄。若因興建廠商，全部拆除，歷史不就因此而停止了嗎？」

為了留下歷史印記，他在建廠時，設法收集了許多居民沒有搬走的生活用品，還把老房子的門牌集中展示，打造了一片「門牌牆」，證明這裡曾經有人居住過。「友緣居落成時，我們邀請當地居民回來參觀。有一位長者，就在自家門牌前落下熱淚，我們看了非常感動，也很自豪，因為我們的努力，讓蘇州廠房能夠承載古鎮居民的珍貴回憶。而且這是江南一代碩果僅存的兩座穀倉，還好我們把它留下來了！」

秉持著同樣的精神，2005 年友達興建廈門廠時，把座落於山頭村、擁有超過 170 年的閩南聚落也保存下來，讓閩南樸實的文化風采能再現於科技化的現代廠區中。

一家台商科技業者，為保存歷史傳承而努力，並讓文化資產能在科技領土上繼續流傳著，不僅成為佳話，更形塑了友達有溫度的人文形象。

無獨有偶地，友達中科廠在 2003 年整地時發現了「西大墩窯」。經考古確認，這是屬於清代中晚期燒製日常生活用品的陶窯，蘊藏了數百箱的陶片。「為了保留此陶窯，我們還特別把它平移 25 公尺到廠區，並將於今年完成西

大墩窯文化館，作為展示之用。」

「我們的三個廠區都有文物，我想這是歷史的偶然和必然，讓我們扮演了保存文化的角色，」彭双浪説，「友達很特別的是，我們有文化志工，透過訓練同仁當導覽，並開放學校參觀。讓同仁都有很強的認同感，對此，我真的深感驕傲。」

勇於嘗新　街頭賣藝做公益

除了文化保存，彭双浪對土地的熱愛還展現在他對原住民部落的關懷上，而且還用了別出心裁的方式！

友達中科廠保存了「西大墩窯」，也留下清代中晚期日常生活的印記

他形容這是自己做過最瘋狂的事，就是以董事長的身分，偷偷地去考薩克斯風的街頭藝人執照，等考上了才讓大家知道！「因為怕吵到鄰居，我都是在鄉下老家練習。聽眾就是家中的那條老狗。現在，只要我一拿起薩克斯風，牠就會自動走到我面前，準備聆聽，」他笑説。

「我是 2014 年開始學薩克斯風的，除了是興趣，也希望能藉此帶動與同仁之間，工作之外的軟性話題。更重要的是，我想藉由街頭表演做公益的方式，為社會帶來更多的正能量。」

那羅部落的原住民，感受到友達同仁的長期支持

在彭双浪的影響下，現在友達已有超過 200 人在學薩克斯風，他還與同仁組成團體，考取街頭表演執照，將公益表演募得的款項，用來支持新竹縣尖石鄉的那羅部落。「同仁除了長期協助部落小朋友的課後輔導，我們在部落也舉辦了四次音樂會，用音樂的力量感染他們，讓他們感受到被支持，而更有信心。」

彭双浪驕傲地説，友達充滿人文溫暖的企業文化，在科技業是很不一樣的。公司共有 163 個社團，都是同仁自組，比大學還豐富。此外，公司成立的「老實聰明獎學金」幫助小朋友圓夢，今年已邁入第 15 年。即使幾年前，公司獲利不佳，獎金變少，但支持的熱度仍然不減。

「每次有認養名額出來，就馬上額滿，若

友達「老實聰明獎學金」幫助小朋友圓夢，今年已邁入第 15 年

是你手腳不夠快，想要做公益還會沒機會呢！」他笑說，「可見我們同仁多麼熱情！」

GOLF 平台接軌產學
為企業培養人才

人才培育，也是彭双浪關注的議題。三年前，他和緯創副董事長黃柏溥、仁寶副董事長陳瑞聰三個人在一場聚會中，因感嘆企業找不到好人才，為了彌補產學落差，並想在退休前為社會做點事，便發想成立了「學用接軌聯盟，GOLF（Gap of Learning & Field）」。

「雖然只是閒聊談起的話題，後來我們三人認真討論了好幾次。剛好緯創子公司緯育在經營數位學習平台，黃柏溥就決定免費提供，讓我們在平台上提供各種課程，串連學校和產業界，為台灣培養更多人才。」

「我們希望學生找工作，決定未來的職涯方向時，能對企業有更多的瞭解。因此，企業可在平台上放各種課程。學生不管是找實習機會或是求職，都可先上課，真的有興趣、有足夠的認識再來。」

透過平台取得實習機會的學生，若表現優異，甚至可以在畢業前就先取得錄取通知，為企業預約優秀人才。藉由一對一的精準對接以及真正的產學接軌，GOLF 平台啟動至今，在沒有政府資源挹注下，已累積了一萬人次的註冊帳號，並吸引了 44 家企業、51 所大學的加入。同時，也將於今（2020）年底正式成立為社團法人，朝永續經營邁進。

這些努力，滴涓成河，充分展現了彭双浪的「正能量」！儘管曾遭遇面板產業的低潮，但他仍一直抱持著使命感來看待自己從事的產業，昇華其價值，並以此來發揮更大影響力和鼓舞同仁。

近來由於疫情爆發，在更多遠距工作、學習及娛樂需求帶動下，顯示器市場欣逢榮景，他表示，這是「投入面板產業二十多年來，最感榮耀的時刻。」「我告訴同仁，多做一片面板，就能多讓一個人不會失業，或是讓多一個學生有學習的機會。」

他也以自身經歷鼓勵年輕人，要有熱情、勇於挑戰，把挫折、失敗視為成長的養分，終身學習，定能開創出自己的天地。

Wa-People

給自己機會
勇於走不一樣的路

文：勾淑婉
圖：古榮豐

「人生就像一場馬拉松，即使晚了一點，只要有方向、有燈光，還是能到達終點。」回顧自己的求學與職場生涯，國家實驗研究院台灣半導體研究中心（TSRI）主任葉文冠這麼說。當年他選擇了一條不一樣的路，而跨領域累積的經驗，支持他如今回到緊鄰竹科的國家級產業人才培訓基地，肩負起更重要的任務，率領團隊支援台灣半導體產業持續進步！

大學重考三年　不改初衷

身處高手如雲、人才濟濟的半導體產業，葉文冠謙虛地說，以前經常覺得自己不是讀書的料，無法跟一流學生相比。畢業於竹東高中的他，大學聯考考了三次，才考上中原電子系。對於竹科的印象，最早是高中時，有一回特別從客運巴士提早下車，好奇地探索了一下當年還沒甚麼建設的新竹科學園區。

「其實我以前的志願很簡單，就是要當一名大學生，即使屢考不中，還是堅持不去念三專。因此，第三年聯考時，壓力真的非常大，萬一失敗，就得去當兵，人生就不一樣了！」

「記得我在重考時，發現有些念台大的同學，可能是因為遵從父母的要求進了沒興趣的科系，其實過得也並不快樂。我便體會到，任何決定都有得有失，一旦做出決定，就要自己承擔，不要後悔。」

「當我知道自己榜上有名時，樂得開懷。鄰居還心想，考進中原大學值得這麼高興嗎？」

他笑說。「這段重考的歷程是我人生最大的挫折。也讓我體認到，人生需靠自己勇敢面對，不能敷衍度日。這督促我日後繼續往上走，再遭遇挑戰便能從容應對了。」

暫停台積電工作　直攻博士班

從這股挫折與堅持爆發出來的力量，推進了葉文冠的求學之路，並與半導體結緣。他於就讀成大微電子研究所期間，開始到台積電工讀。那時台積電還在工研院內，有一座六吋廠。「我當時受蔡能賢和曾繁城兩位主管指導，工作雖然辛苦，但也激發了我的學習熱忱，現在回想起來真是非常幸運。」

經過一年的洗禮，葉文冠從此對半導體業

重要場合上，葉文冠台風穩健、侃侃而談（攝影：李慧臻）

就業或深造？學界還是產業界？當年如果待在台積電、沒有離開聯電、留在竹科而拒絕高雄大學的聘書，葉文冠可能就無法從不善言詞的工程師，轉變成如今兼具技術專長及管理經驗的產學橋樑！

國家實驗研究院台灣半導體研究中心（TSRI）主任葉文冠

產生憧憬。碩士畢業後，關鍵的抉擇時刻來了。「當時我已經有機會在台積電工作，但同時也考上交大電子博士班。因為對研發有熱忱，想要更充實自己，所以決定繼續深造。」

忠於自己
勇敢離開竹科

1996 年取得交大電子博士學位後，因為想從事研發工作，葉文冠進入聯電先進技術發展處（ATD），擔任研發工程師。「那是晶圓雙雄競爭的年代，我加入聯電，參與 0.25 微米 CMOS 製程開發並領先開發出全新技術，造就了聯電獨領風騷、超前台積電的 0.25 微米世代。」

在聯電工了作四年，葉文冠萌生離職念頭。「雖然當時年薪不錯，但我只考慮了一個禮拜，就毅然決定接受聘書，從新竹搬到高雄。」回想當年離開竹科，葉文冠說家人還以為他遭遇了什麼挫折，所以才做出這麼奇怪的決定。但他說，「人生有時後就是要相信直覺。我知道這個機會是我想要的，就沒有太多遲疑，勇敢踏出去了。」

學界嶄露頭角　更上一層樓

到了高雄大學電機系，葉文冠擁有的業界實務經驗，使他獨具優勢。「擁有多項專利，又是系上唯一有業界經驗的老師」讓葉文冠在短短幾年內，順利地從助理教授升等到教授，後來還擔任系主任、學務長、通識中心主任，以及工學院院長等重要職務，為了能與國際接軌，期間葉文冠也擔任國際電機電子工程師學會（IEEE）中華民國臺南支會主席。

十五年間，葉文冠累積了豐富的行政與管

葉文冠與 TSRI 主管一起慶賀竹科四十週年

製造完成的晶圓成品

小小晶粒從晶圓上切割下來，用於手機、電腦、及各種電子產品（攝影：李慧臻）

理經驗，更大大提升了研究型人才普遍欠缺的溝通能力。他坦言，「剛開始面對學生，我其實不知道該如何開口，我原是個不擅表達的工程師。但到學校後，天天都要面對學生、教授及同仁，不得不學習溝通，以及更妥善地處理行政事務。這些能力，對我推展目前的工作是非常重要的。」葉文冠還強調，學校裡有很多

▼ 1996 獲國立交通大學電子工程博士，眉宇間充滿自信與理想

▲ 1994 出國發表口頭論文，人生第一次穿訂製西裝，學長笑說很像是來結婚的 ▼ 1998 第一次美國旅遊，特到柏克萊大學朝聖

優秀的老師都是溝通高手，讓他多所學習，這才終於克服了難關。

離家多年後，重回到竹北老家，並歸隊半導體產業，讓葉文冠有許多感觸，「十幾年來家庭南北分隔，現在回來，真的有落葉歸根的感覺，非常高興，也認為自己當初的決定是對的。」

葉文冠笑說，當初若加入台積電，人生或許早已不同。但人生不是只有一條路，金錢更不是衡量成功的唯一條件。他強調，瞭解自己、忠於自己、並相信自己，人生不用搶快，只要不停地向前邁進，終究會到達目的地。

肩負使命　發揮更大的能量

2019 年，國研院將晶片中心（CIC）及奈米元件實驗室（NDL）合併，透過設計與製造整合，以更豐富的資源，提供學界研究最完整的服務平台。而同時具備半導體技術研發與行政管理長才的葉文冠，成了新誕生的台灣半導體研究中心（TSRI）主任。

葉文冠待人謙遜，對長輩十分敬重，很得人緣。他表示，「在台灣半導體研究中心的職位上，很榮幸有機會向許多傑出的長者學習，特別感謝大師級的施敏院士、交大前校長張俊彥及許多長輩的支持與愛護。」葉文冠做研究時經常在實驗室待到半夜，如今已是半導體元件設計專家，除了發表論文超過 200 篇，專利近百項，並著有 6 本專書。

感謝科技部與國研院長官的肯定與支持，「台灣半導體研究中心的目標是每年為半導體產業訓練 2000 位以上優秀人才，」葉文冠強調，台灣半導體研究中心扮演的是「支援學界、銜接業界」的橋樑角色。許多碩博士生，在學校接受基礎課程訓練後，到中心來進行實作，這裡的設備二十四小時開放，研究人員只要好好努力，幾個月的時間，便能順利上手。而在半導體研究中心做過研究的人員，等到完成論文，馬上就能無縫接軌成為業界最歡迎的人才。

人才供需一直是半導體業的焦點，葉文冠認為，現在年輕人更有想法，有人會選擇投入軟體、網路等不同產業。但如今問題不在於相關背景學生人數變少，而是隨著半導體產業成長，業界需要不同背景的人數更多。對此，他認為產學界都需付出更多科普責任，把餅做大，吸引更多學生能更早就對半導體發生興趣。

葉文冠勉勵年輕人積極尋找自己的志向，並且要瞭解，任何行業都有辛苦的一面，只要有興趣，加上終身學習，就能開創美好的未來。尤其是，目前最酷、最熱門的自駕車、AI 等新技術，無一不是利用半導體元件來實現的。

他形容投身半導體產業，就如同站在巨人的肩膀上，將能看到更宏遠的未來！

國家實驗研究院台灣半導體
研究中心（TSRI）
葉文冠主任暨全體主管

TSRI 與台灣半導體產業

初始期

1974 ➡ 美國無線電公司（RADIO Corporation of America）
研究室潘文淵主任撰寫「積體電路計畫草案」，經
時任經濟部部長孫運璿召開記者會，於 8 月 17 日
正式核定該計畫。

計畫擬定後，團隊即刻開始招兵買馬，當時在美國
普林斯頓大學攻讀博士畢業的史欽泰、楊丁元、章
青駒等人，放棄在美國工作的機會，回國加入工研
院，投身積體電路計畫的引進，並分成設計、製
造、測試、設備四組，由他們擔任赴美國 RCA 公
司取經團的領隊。

技術引進期

| **1976** | ➡ | RCA 計畫啟動 |
| **1979-1983** | ➡ | LSI 技術發展計畫 |

技術自主與發展期

1980	➡	新竹科學園區創立
1981	➡	聯華電子成立
1983-1987	➡	VLSI 技術發展計畫
1984	➡	日月光投資控股股份有限公司成立
1984	➡	矽品精密工業股份有限公司成立
1987	➡	台灣積體電路股份有限公司成立
1988	➡	「國家次微米元件實驗室」創立
1988	➡	台灣光罩股份有限公司創立
1990-1995	➡	次微米製程技術發展五年計畫
1992	➡	籌設「晶片設計製作中心」計畫
1993	➡	「國家毫微米元件實驗室」（NDL）成立 （原：「國家次微米元件實驗室」）
1994	➡	世界先進積體電路股份有限公司成立
1997	➡	「國家晶片系統設計中心」（CIC）成立
1997-2000	➡	深次微米製程技術發展計畫
2002	➡	「國家奈米元件實驗室」（NDL）成立 （原：「國家毫微米元件實驗室」）
2003	➡	改隸「財團法人國家實驗研究院」（NARLabs）
2003-2010	➡	矽導計畫
2011-2015	➡	智慧電子國家型科技計畫
2018-2021	➡	半導體射月計畫
2019	➡	國家實驗研究院台灣半導體研究中心（TSRI） （原：CIC 及 NDL）

資料提供：TSRI
整理製表：《產業人物 Wa-People》

Wa-People

務實、科技、細心

助科技業運籌全球

竹科四十週年，驛洲運通也四十週年。從報關起家，驛洲運通如今的物流車隊利用衛星定位管理，具避震、溫控、濕度控制等功能，串聯海運、空運、資訊暢通，不斷累積客戶的長期信賴。

文：勾淑婉
圖：李慧臻、蔡鴻謀

驛洲運通鄭日省董事長

從新竹地區的第一家報關行起家，驛洲運通成立四十年來，隨著台灣科技產業一路成長，足跡由竹科延伸至南科與中科，服務由空運擴大到海運，扮演著企業全球運籌左右手的重要角色。在通路為王的時代，一輛輛穿梭在園區的金黃色物流車，可說是協助科技業者營運不中斷，貨暢其流的幕後功臣！

童年貧困　從報關小弟做起

驛洲運通是由董事長鄭日省於 1980 年成立的，與竹科一樣，今年剛好滿 40 歲，從無到有，見證了竹科的發展歷程。談到公司的創立過程時，回想起童年時家徒四壁的往事，他謙虛地說，「真的是從來沒想到會走到今天！」

驛洲金黃色的物流車，是竹科每天都看得到的風景

「我出生在靠近石門水庫下游的村落，大概是現在大溪區中庄下崁一帶，父母就在大漢溪畔務農維生。印象非常深刻的是，1963 年，那年我 10 歲，葛樂禮強颱帶來豪雨成災，當時剛落成的石門水庫儲水量一夕暴增，採取了緊急洩洪措施。」

「住在下游的我們，毫無預警地，看著洪水滾滾而來，豬寮、雞棚、稻田就在眼前一一消失，最後連家都沒了！」當時唸小學四年級的鄭日省，就已體會到叫天天不應的辛酸，父母打工不易，連下一餐在哪都不知道。

為了另求生路，一家人搬到鶯歌租屋而居，過著三餐不繼的日子。「我現在看到桂竹筍就怕，因為小時候沒錢，吃好多路邊挖來的筍子，才小五就吃到胃出血送醫。」也由於家境困苦，鄭日省從小幫忙家務，煮得一手好菜，也深深了解，人要吃過苦，才懂得珍惜的道理。

「我父母給我的最好禮物，就是頭腦還不錯，」他說。初中畢業後，雖然考上桃中，但因沒錢讀書，便決定開始工作。1970 年，經朋友介紹，到台北打拼，進入位於重慶北路的一家報關行，從打雜小弟做起。

「我很感謝老闆，讓沒有棲身之處的我，在公司沙發上睡了三年。一個初中畢業的小孩子，什麼都不會。除了打掃、泡茶、跑腿，我利用時間把打字、算盤這些技能學會，有苦差事都撿來做。」

看到這樣一個勤奮向上的小子，老闆鼓勵鄭日省再去讀夜間部，才終於半工半讀的取得了高中學歷。

開疆闢土　竹科的第一張報關單

1977 年，當完兵重回職場的鄭日省，遇到了人生的重要轉捩點。「1978 年工研院電子所成立。因緣際會，與同行朋友興起了創業念頭。我們三個人一共湊了 10 萬元，報關行就成立了。我還記得，我出資的 3 萬元中，有一半是媽媽標會來的。」

「我是個鄉下孩子，不怕吃苦。雖然知道新竹只有工研院一家客戶，但還是決定到這裡開疆闢土，試試看。」就這樣，才 25 歲的鄭日省開始了他的創業歷程。1979 年底，竹科開始籌備，同時期，聯電也從電子所獨立出來，正式成立。

懂得勤跑客戶、熱忱服務的鄭日省，由於和電子所建立了良好關係，聯電創立之初的所有報關需求，自然也是由他來提供了。「1980 年底，聯電的、也是竹科的第一張報關單，便是由我們負責的，」他驕傲地說。

他回想起，當時黃沙滾滾的園區，只有中美矽晶和聯電兩家公司。也因為客戶少，大股東決定撤資，鄭日省便獨自把營運扛下來，公司名稱也從華洲改為現在的「驊洲」。

「我當時沒事就天天跑竹科管理局跑，跟工商組、企劃組各單位都熟，還會主動幫忙處理雜事。雖然不懂什麼是產業發展，但聽到他們在談招商、在談未來還會蓋很多工廠，就知道未來是有希望的！」

年輕的鄭日省秉持著苦幹實幹的精神，報關、送貨自己來，慢慢地，隨著竹科規模成形，公司業務也終於穩定了。1983 年是公司的另一個轉型。由於業務不錯，送貨需求漸增，但卻因為量不穩定，常常叫不到車子，造成不少困擾。因此，他又做了一個大膽的決定 — 自己買車，籌組物流車隊。

「買了車子，才知道隔行如隔山，也體會

鄭日省董事長話當年，初中剛畢業就到台北工作，在公司沙發上睡了三年

到，不管是對自己或對客戶貨品，安全都是第一優先，」他回憶道。驊洲物流車醒目的 19 號金黃色車身，便是鄭日省的巧思傑作，他還在貨車中加裝冷氣，這些都創下了同行先例。

掌握商機　規模逐步擴大

1987 年台積電開始建廠，竹科群聚效應日顯，為驊洲帶來了第二波的成長機會。「我還記得 1990 年代初期，竹科景氣暢旺到倉庫爆滿，貨物只能放在帳篷裡的景象。」

也因為公司規模漸增，鄭日省於 1994 年就讀交大的高階經理人班，藉此學習並建立公司的管理制度，朝企業化方式經營。公司於 1995 年成為第一家通過 ISO 9000 認證的報關行。

之後，隨著園區規模的擴散，驊洲於 1998 年成立南科分公司，2004 年成立中科分公司，並陸續得到聯電、台積電、力晶和瑞晶評鑑為優良供應商，

回想這些歷程，鄭日省認為，「我很幸運，因為看到願景，也願意付出，才能有收穫。」他也一再強調，「做我們這一行，做人比做事更重要，要取得客戶的信任，需靠長時間點點

滴滴的積累才有可能。」

　　一路以來雖多有貴人提攜，但他特別感謝聯電榮譽副董事長宣明智對他的提拔。「宣先生雖會要求我們這些供應商，但也會給我們機會，並站在業務的角度分享經驗，訓練我們成長。他是個有肚量，有擔當的人，對驛洲初期的營運幫助非常大，我非常感謝他。」

　　當然，公司營運不可能一帆風順。隨著晶片與材料設備的價值越來越高，物品運送的風險也隨之增加。驛洲曾遭遇兩次物流車被搶事

鄭日省董事長與驛洲運通同仁

少年時代的鄭日省董事長

件，還成為熱門的新聞話題，也不乏因貨物損失而要擔負賠償責任。

　　此外，由於市場擴大，競爭也日益激烈。身為竹科的第一家報關行，鄭日省開玩笑說，「驛洲桃李滿天下，幾乎園區的報關行都與我們有關聯。儘管業務不免受到影響，但我還是樂見同業的良性競爭，才能驅動自己不斷進步。」

高科技運送　確保客戶營運不中斷

　　曾在 921 大地震期間，積極協助客戶快速應變，確保營運不中斷的鄭日省，深刻體會到，資訊暢通、安全完成客戶託付的重要性。近年

來，隨著台灣科技業者的規模已擴大到跨地區營運管理，製程往往是在不同廠區完成，貨物暢流的重要性，更勝以往。

　　此外，進入後疫情時代，供應鏈的重新打造，以及近來業者在台的積極擴廠，他認為，未來十年的商機是看得到的，因此要更用心配合客戶的需求。

　　「誰能掌握通路就是贏家，而物流便是命脈」他說。「現在，我們運送的晶圓、先進製程設備與材料，價值十分珍貴。利用衛星定位進行車隊管理，以及為物流車提供避震、溫控、濕度控制等各種功能，已是必備。同時，還要考慮資訊的透明暢通，安全可靠，這些都是我們持續努力的。」

　　看好商機前景，鄭日省在驛洲成立四十週年之際，進一步擴大營運，將新增 400 坪倉庫以及 2000 坪停車場，以供未來業務所需。此外，為了企業與環境的永續經營，他也強調，「為了後代著想，不要在我們這一代就耗盡地球資源，我們需更重視廢棄物的回收、處理，以及再生使用，這是我們每個人的責任。」

　　最後，他以「熱情不減，持續向前」總結驛洲四十年來的與時俱進，也期許年輕人能腳踏實地，從自身做起，保持笑容、不斷學習、找到熱情，開創美好的未來！　Wa-People

工研院過去培育許多新創
公司並衍生聯電、台積
電，及世界先進等大廠進
駐竹科

新冠肺炎疫情以來，工研
院展現跨領域快速整合
能力，未來十年，將以
2030技術策略藍圖，支
持台灣產業轉型、增值

工業技術研究院（ITRI）院長劉文雄

與竹科唇齒相依
疫情帶來 1.5 公尺新商機

文：王麗娟　圖：工研院

送年輕人三個錦囊

　　回想自己的年少歲月，工業技術研究院（ITRI）院長劉文雄說「我小時候路上還有牛車，父母總提醒我們，若不努力將來會很辛苦。」如今他發現，由於台灣新世代面對的環境挑戰不大，因此容易安於現狀，甚至感到茫然、沒有鬥志。

　　「年輕人要有夢、有理想，」這是劉文雄送給年輕人的第一個錦囊。「美國九一一恐怖攻擊事件後，年輕人對生命的看法改變很大，」許多人想有一天生命很可能瞬間就結束了，因此決定有生之年一定要做有意義的事。「創新創業的風氣在九一一後達到最高峰，」劉文雄強調「美國這個現象顯示年輕世代對生命、工作的追求充滿理想與使命感，很值得台灣年輕人學習。」

　　第二個錦囊是「把握時機」。劉文雄特別喜歡唐詩〈金縷衣〉的後兩句「花開堪折直須折，莫待無花空折枝」，鼓勵年輕人要一步一腳印，培養好實力，等機會到了，就好好把握時機。

　　第三則是鼓勵年輕人拿出創新的想法，「跳出框框，創造新議題」。他舉工研院 2012 年衍生的新創事業台灣生醫材料公司廖俊仁總經理為例，認為他就是很好的創新典範。

　　劉文雄強調，在生醫領域，每項產品從完成技術開發，到能夠成功上市，需要很長的認證時間，如果沒有熱切想幫助大眾的心，很難堅持到成功。廖俊仁在工研院生醫所做了十幾

工研院勇奪 2020 全球百大科技研發獎（R&D 100 Awards）3 項大獎，累計歷年得獎技術達 44 項，九成已技轉產業，開創國際新價值

年研究人員，開發出泡沫式人工腦膜來修補腦膜，不但造福腦部開刀的病患，更受到全球腦神經外科醫學界的矚目。而廖俊仁從工程師轉型成為企業的領導者，正是滿懷理想、勇於創新，並掌握時機的好例子。

未來十年　藍海思維

　　「2030 技術策略與藍圖」是劉文雄帶領工研院同仁，以一年多時間，描繪出的未來願景

及引導創新研發的方向。這份藍圖針對「智慧生活、健康樂活、永續環境」等三個應用領域，以智慧化共通技術、包括AI、大數據分析等致能科技（Enabling Technology），將過去不可能的事情變成可能。

劉文雄不斷提醒工研院同仁，要做到「以市場需求為導向、扮演橋樑角色、協助台灣產業轉型」。他強調，工研院的使命是幫助台灣產業增值轉型，要以市場為導向，而不是為了研究而研究，必須做到「價值創新」，而不僅是技術創新。

他認為，為了加快產業轉型，工研院可以整合學術界，或引進國外技術來協助產業，所以不一定每項技術都要自己做。而他也認為，迎頭趕上並非好策略，重要的是展現獨特價值，另闢新局面。

一開始，劉文雄這套「不是所有技術都要自己做」的策略思維，把某些工研院主管嚇了一大跳！如今隨著「2030技術策略與藍圖」凝聚共識，大家已慢慢體會，應該先看市場需求，而不是只埋首於垂直領域的研發，要能夠跨領域合作，把A加B變成C，並解決問題。

因應疫情　展現實力與效率

「保護員工、貢獻國家」是新冠肺炎疫情來襲時，劉文雄腦海裡的兩大思維。他坦言自己每天都戰戰兢兢，繃緊神經。一要確保全體同仁健康，二是想到國家有難，身為研究單位應該如何做出貢獻。

劉文雄稱讚工研院的幾位高階主管都非常優秀。他將疫情期間的重要任務，分成四大項

2030 工研院技術策略藍圖

為守護八千多名員工健康安全，工研院2月初完成超前部署，預先演練萬一院內出現疑似案例的處理方案

分頭行動。首先是院內所有的防疫工作，由總營運長余孝先負責。劉文雄強調，研發單位要做好模範，所以工研院的防疫工作做得比衛生福利部疾病管制署（CDC）要求的更嚴謹。他每天清晨聽取余孝先回報防疫狀況，直說余孝先就是「工研院的陳時中」。

其次是由彭裕民副院長負責院內技術的整

因應疫情，工研院研發團隊 17 天快速完成臺灣首台呼吸器原型機，8 月 12 日通過 TFDA 核准

工研院派員投入口罩自動化設備大廠權和機械建置設備與產線，以豐沛的機械組裝能量協助生產設備「即刻上線」

合。例如智慧醫療的技術除了生醫所，還涵蓋資通訊領域，這些都由彭裕民負責帶領院內團隊進行橫向整合。

其三，由張培仁副院長負責因應外界需求，快速做出反應。包括第一時間組成「口罩國家隊」，協助廠商快速大量生產口罩；接著在工研院團隊不眠不休通力合作，短短 17 天就開發出呼吸器原型機並順利運轉，並於 8 月 12 日通過 TFDA 核准，提升產業布局高階醫材的機會；此外，工研院研發的「AI 熱影像體溫異常偵測儀」結合 AI 人臉辨識及紅外線技術，能鎖定人臉偵測額溫，不會因手中飲料或熱食而誤判。

第四部份則由產科國際所所長蘇孟宗負責，持續更新疫情對市場及產業供應鏈的衝擊與影響，已舉辦了二十多場產業分析會議。

與竹科唇齒相依　1.5 公尺新商機

工研院成立 47 年、竹科成立 40 年來，串聯清華大學及交通大學，使新竹市光復路，成為台灣最知名的科技走廊。竹科成立之初，工研院是竹科的搖籃，作為產業開路先鋒，成功孕育聯電、台積電、世界先進等科技大廠，帶動竹科聚落發展。而隨著竹科蓬勃發展，工研院如今與竹科更是唇齒相依，成為最佳戰友。

疫情給全球帶來嚴峻挑戰，也給產業帶來機會。劉文雄指出，後疫情時代從政治面看，反中情緒高昂、成本不再是生產供應鏈的唯一考量，國家安全與風險管理更受重視；經濟方面，數位化腳步加快；社會面來看，則有越來越多人呼籲重視環境永續、與大自然共存。劉文雄認為，對產業而言，「1.5 公尺經濟」，將帶來很多新商機。

改變文化　大象會跳舞

在美國生活、工作 35 年後回國，劉文雄於 2018 年就職第一天，就感受到大家的熱情支持。他感謝行政院、經濟部、李世光董事長、工研院董事會、產業大老們，及各公協會百分之百地分享經驗及支持，讓他很快可以在工作上步上軌道。

劉文雄對《誰說大象不會跳舞》一書印象深刻。曾任 IBM 董事長暨執行長的 Louis Gerstner 在書中強調，文化就是組織內的遊戲規則，只要改變文化，大象也會跳舞。

持續推動「創新思維、敏捷式管理、開放式溝通」的劉文雄認為，雖然組織文化的改變，不是一、兩天的事，但他感到欣慰的是，自疫情以來，他已看到院內的文化，正在出現明顯轉變。他再三強調，協助台灣產業轉型、邁向世界等級、找到未來的機會，都是工研院要不斷努力的事。

Wa-People

自創品牌　五官鏡揚名國際

文：勾淑婉　圖：李慧臻

「無孔不入，眼見為憑」──晉弘科技董事長鄭竹明簡單扼要地用這八個字，說明公司定位及產品特色。創業十年，晉弘從眼底鏡開始，逐步擴展到只要一台手持裝置，醫生就能完成眼、耳、鼻、口、皮膚檢查的五官鏡。如今，晉弘已擁有美國遠程醫療問診市場高達八成的市佔率，並朝人工智慧 AI 診斷輔助分析解決方案邁進。

都市小孩　愛玩又愛唸書

台北長大的鄭竹明，形容自己是不折不扣的「都市小孩」。「我父親是軍人，管教嚴格，非常重視教育。所以從小我就乖乖聽話，認真讀書」。國中唸資優班，有許多課外參訪及實驗課程，接著鄭竹明考上師大附中實驗班。

「我是 678 班的。師大附中校風自由開放，我的個性又活潑愛玩，但此時我才開始覺得，讀書不再是為了父母，而是為了自己。」

民國 80 年，鄭竹明考上中山大學物理系，遠離台北，脫離父母管轄的他，更是如魚得水。大二時鄭竹明擔任系學會會長，不但是系上的活躍份子，辦了很多活動，而且他找專人設計系服，終結大家嫌棄系服很醜而流產多年的窘境，至今仍為許多人津津樂道。

畢業後，順利進入交大光電研究所。在指導教授黃中垚門下，鄭竹明研究材料的非線性光

學特性量測方法，「我很感謝老師嚴謹的研究態度，要求我們獨立思考，靠自己找到方法和答案，讓我成長許多。」當然，這也開啟了鄭竹明日後從事光機電模組研發的歷程。

從一名優秀的工程師開始

鄭竹明 26 歲初入社會，「當時的夢想，就是成為一名優秀的工程師，我覺得寫很多專利，是一件很酷的事！」在中強光電擔任光電工程師開始，從事研發的他因個性活潑，喜歡與客戶互動，一直都擔任專案負責人，後來轉任揚明光學，升任至資深處長。「當時，我幾乎每天加班，雖然工作滿檔，但仍會利用周末寫專利，看論文就是我的樂趣！」

在台灣的教育體制下，鄭竹明感嘆許多人在校只會念書不會玩；出了社會，又變得只會玩而不念書，沒有把學習融為興趣與生活的一部分，非常可惜。多年來鄭竹明已累積 192 篇

晉弘充滿熱情的創業團隊

自創 HorusScope 品牌，晉
弘可更換鏡頭的手持式五
官鏡組，從免散瞳眼底攝
影機、真皮皮膚鏡、數位
耳鏡到口腔鏡，不但結合
遠距醫療深入偏鄉，更已
獲歐美日中臺 FDA 認證，
行銷全球 60 餘國

晉弘董事長鄭竹明

專利、5個發明獎、9篇國際論文,確實是位不折不扣的發明家。

決定做不一樣的事情

在中光電和揚明光學期間,鄭竹明主要是負責投影機開發,曾經帶領團隊成功開發全球第一款內建於手機的pico投影機,個人更獲得國家發明獎的金牌及銀牌殊榮。

32歲時,鄭竹明希望藉由學術理論再進一步開發新技術,於是又回到交大光電所念博士班,再充實自己。花了7年時間,38歲拿到博士學位後,在指導教授陳志隆鼓勵下,鄭竹明於是決定自行創業。如今回想,鄭竹明認為,博士班的磨練,讓他進一步提升了獨立自主,以及獨立創新的能力。

當時交大校長吳妍華積極推動「BioICT生醫資電聯盟」,透過與榮總眼科主治醫師和陽明大學生物醫學工程博士共同合作的機會,讓晉弘確定了產品開發方向。鄭竹明說,「榮總醫生會到榮民之家提供醫療服務。但眼科設備大又重,若要做視網膜檢查,還要點散瞳劑,相當耗時。於是我們就利用光學技術,開發免散瞳的輕巧手持式裝置,不僅是一大創新,更能協助醫生,嘉惠更多的人。」

晉弘科技2010年成立,除了鄭竹明,還有5名創辦人,大家分工合作,花了三年時間,終於開發出第一代的眼底鏡。

懷抱助人理想 快樂便是最大回饋

眼底鏡屬第二類醫療設備,認證時間較長。公司剛成立,不能一直燒錢,因此晉弘在第一年,先開發認證時間較短的第一類耳鏡產品,讓公司創業第二年便有了第一桶金。「雖然創業維艱,常為現金流問題傷腦筋,但我們還是很幸運的。第三年,眼底鏡上市後,很快便達收支平衡,之後每年都有獲利。」

晉弘的五官鏡產品,主要鎖定醫療院所以外的診斷應用,像是遠程醫療,居家照護等,只要由經過訓練的照護師操作,醫生便能進行遠端診斷。在台灣,除了銷售到醫院、診所、衛生所等醫療單位之外,晉弘的眼底鏡已獲小林眼鏡採用、耳鏡已獲科林助聽器採用;在美國,晉弘更是遠程醫療問診市場的領導廠商,目前九成五營收來自國外,前三大市場分別是美國、中國及日本。

從光電轉換到醫療設備市場,鄭竹明笑說,習慣於電子產業的快節奏,往往計劃以10個月完成產品開發,反而是客戶叫他不要急,一年半到兩年就可以了!「醫

晉弘的產品,支援希臘難民醫療服務計畫

謝靜茹醫師以晉弘的產品為弱勢族群進行眼科篩查

晉弘創業十年，正邁向下一個里程碑

療產業重視品牌、產品售後服務長達 10 年，新創者要打出名號，無論是觀念或作法，挑戰都很大！」鄭竹明說，「我們很幸運，也很感恩，遇到許多貴人幫助我們，當然我們也很爭氣，持續以創新產品滿足客戶需求，慢慢累積了市場的信任與接受度。」另一方面，投入醫療產業，對鄭竹明來說，更大的成就感在於，能夠幫助更多的人。「我們不是為了賺錢而創業的，想到能夠因為幫助更多人獲得健康，使公司有收入，我就覺得很開心。」

近年隨著晉弘逐漸打出知名度，有多位醫生也主動找上門尋求合作。「透過與不同醫療或慈善機構合作，我們的產品已被帶到印尼爪哇島、外蒙古、新疆、希臘等各個角落，讓更多偏鄉社區及長照的居民能夠獲得照護。此外，在台灣，利用 5G 網路，在台東十三個鄉鎮，包括綠島、蘭嶼，也能為居民進行眼科篩檢。」鄭竹明表示，「我們非常高興收到這些合作夥伴寄來的活動照片，也會與員工分享，讓他們知道，我們的工作不僅有意義，還有責任要做出更好的產品，才能幫助更多人。」

十年有成　朝下一個目標邁進

因應 AI 發展趨勢，晉弘已將其眼底鏡與 AI 自動診斷軟體結合，可把視網膜影像傳到伺服器進行快速運算，只需 7~8 秒，就能協助醫生判讀糖尿病患者是否有視網膜病變。此套系統將可納入糖尿病照護網診所內使用，大幅增加病患的篩檢頻率，預計 2021 年上市。

「第一個十年，我們開發了多種醫療影像診斷器材產品，協助醫生進行更精準的診斷。到第二個十年，我們有更高的目標，希望從診斷提升到治療，藉由開發醫療式的手術類裝置，幫助醫生拯救更多的病人。」鄭竹明鼓勵年輕人能夠多做創新，培養自己獨立思考的能力，他期望年輕人願意多花時間專注本業、深度學習，把基本功練好，才能有更大的發揮空間。

此外，鄭竹明強調「快思慢想」的重要性。不急躁、不好高騖遠，但如何能夠做到「快」呢？他表示，唯有事先做好準備，才能夠熟悉、靈活、犀利，真正達到「快」的境界！

Wa-People

改變帶來機會
專注創新　提升優勢

文：王麗娟
圖：古榮豐

**30 年間，靠著持續投資創新，
台積電終於站上領先全球的地位！**

2009 年的關鍵決策

台積電創辦人張忠謀於 2018 年 6 月 5 日退休，回顧 1987 年台積電由工研院電子所衍生成立時，資本額不過新台幣 55.1 億元，直到 1987 年底英特爾（Intel）總裁 Andy Grove 訪台，這才看見台灣有一座六吋晶圓廠。

台積電副董事長曾繁城指出，1989 年英特爾宣布台積電通過驗證後，美國 IC 設計公司這才開始建立起對台積電的信心。「從 1987 年到 2001 年不斷努力追趕，原本落後兩、三代的技術，直到 0.18 微米才勉強跟上人家，」對於台積電如今技術領先國際，曾繁城說「關鍵在於台積電創辦人張忠謀於 2009 年回任 CEO 時，對研發做了重大投資，所以才有今天的局面。」

世界第一的晶片。其中，有一顆世界最大的晶片，目前用於人工智慧及高速效能運算；還有一顆基因定序晶片，用來做人類 DNA 檢測。早期要完成一個人的基因定序，要花上十三年、二十七億美元的費用，如今，隨著這顆晶片被開發出來，一天至少可以完成三個人的基因定序，而每次基因定序的成本，則下降到一千美元。

2020 年 6 月，台積電董事長劉德音主持年度股東大會。他表示，新冠疫情影響了全世界人類生活、工作、教育、娛樂等方式，例如在家工作、遠端學習、電子支付，這些改變在疫情平息後將成為常態，背後支撐的力量正是科技創新。而台積電的目標就是釋放全球的創新，成為「大家的晶圓廠（Everyone's foundry）」。

十年後台積電
劉德音這樣想

2017 年，成立 30 周年的台積電，市值已超過英特爾。2018 年台積電量產的 7 奈米製程也超越英特爾並領先全世界。

位於竹科的台積創新館，展示了十三顆台積電與客戶合作，在各個領域居

曾繁城 2018 年獲頒清華大學名譽博士，前排左起清大科管院院長莊慧玲、電資院院長黃能富、台積電創辦人張忠謀、清大校長賀陳弘、曾繁城博士、曾繁城夫人陳韓、台積電董事長劉德音、總裁魏哲家

台積電董事長劉德音

2020 年 10 月，劉德音與魏哲家獲頒工研院院士。前排左起：經濟部次長林全能、榮鋼集團創辦人陳興時、智榮基金會董事長施振榮、總統府資政林信義、總統蔡英文、工研院董事長李世光、台積電創辦人張忠謀、華碩集團董事長施崇棠、清華大學榮譽講座教授史欽泰。後排左起：友嘉集團總裁朱志洋、工研院院長劉文雄、聯華神通集團董事長苗豐強、緯創資通董事長暨策略長林憲銘院士、台積電總裁魏哲家院士、台積電董事長劉德音院士、臺灣大學醫學院名譽教授李源德院士、聯強國際集團總裁兼執行長杜書伍院士、亞力電機集團總裁楊振通、經濟部技術處處長邱求慧

放眼未來十年的發展，劉德音表示，台積電將繼續掌握「技術領先」、「卓越製造」及「客戶信任」三大關鍵優勢，以保持充沛競爭力。他指出，第五代行動通訊（5G）及高效能運算（HPC）是台積電未來發展的兩大機會，他有信心和總裁魏哲家帶領台積電再創佳績！這場股東會終場，投資人報以熱烈掌聲，業界少見！

加強投資　支持創新

劉德音親身參與了美國的科技復興。他自臺大電機系畢業後，赴美加州大學柏克萊分校取得電機暨電腦資訊碩士及博士學位。80 年代日本產業技術趕上美國，美國總統雷根上任後（任期 1981~1989 年）提出戰略防禦計畫（Strategic Defense Initiative），擴大國防研發，當時，劉德音在貝爾實驗室一年的研發經費就高達 2,500

台積電創新二大關鍵

先進技術		卓越製造	
投資研發	完備設計生態系	投資產能	維持高良率
2019 研發經費近 30 億美元，研發人員近 6,500 人	降低設計障礙與門檻，協助客戶加快上市時程	2015 ～ 2019 累積投入超過 540 億美元	建立大數據與機器學習，優化良率管理和生產效率

製表：《產業人物 Wa-People》

萬美元。

1993 年，劉德音得知台積電準備投資 10 億美元，興建第一座八吋廠時滿懷興奮，就此飛回台灣加入台積電。

全球第一　7 奈米突破 10 億顆

2020 年 7 月，台積電領先全球的 7 奈米製程，累積出貨晶片量突破 10 億顆。總裁魏哲家 9 月出席玉山科技協會發表演講時，向與會人士分享了這個好消息。

2011 年 7 月劉德音（左）仰望中科十五廠

2020 年 9 月魏哲家出席玉山科技協會談創新

台積電持續技術創新

2017	**7 奈米** 業界第一推出設計生態系統及試產
2018	**7 奈米** 業界第一量產（2018 年 4 月） 實現電腦、手機、汽車、5G 通訊、 AI 資料中心等創新
2019	**7 奈米進階版** 業界第一極紫外光（EUV）製程量產 **5 奈米** 業界第一推出設計生態系統及試產
2020	**7 奈米** 出貨裸晶片突破 10 億顆（2020 年 7 月） **5 奈米** 業界第一量產（2020 上半年） **3 奈米** 研發推展中（規劃 2022 下半年量產）

製表：《產業人物 Wa-People》

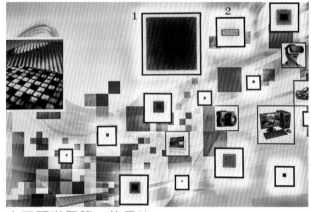

十三顆世界第一的晶片
（1）世界最大的晶片（2）基因定序晶片

台積電的 7 奈米技術，從試產到量產的速度，也比以前任何一代的製程都來得快。2019 年台積電 7 奈米成功進軍汽車領域，滿足客戶對品質及可靠度的極端要求，並為先進駕駛輔助系統（ADAS）和自動駕駛所需的複雜運算做出貢獻。

全球數十家公司、一百多種晶片採用了台積電的 7 奈米技術，寫下客戶快速接受新製程的紀錄。

探索未來　歡迎人才加入

2020 年 5 至 8 月，台積電在南科買進瀚宇彩晶（48.4 億元）、益通光能（8.6 億元）、力特（36.5 億元）、家登（6.6 億元）等廠商的廠房，耗資超過新台幣一百億元。

台積電平均每年要招募兩、三百名博士。2020 年上半年，台積電 5 奈米製程已進入量產，再次領先全球半導體產業。規劃 2022 年下半年量產的 3 奈米製程，以及研發中的 2 奈米製程技術，都需要更多優秀人才加入創新行列。

Wa-People

工研院電通所前副所長謝錦銘與
大學同班同學吳麗元（右）

那一年的我們
點燃臺灣 IC 的矽晶之火

文／圖：謝錦銘

現在大家都知道臺灣的半導體產業為國家帶來經濟繁榮、創造就業機會、並受到全球矚目與尊重。這一切的起點，都要從早在竹科成立之前四年，1976 年的臺灣政府，派出一批年輕人到美國 RCA 去學習開始說起 …

當年在美國紐澤西（New Jersey）受訓的九名年輕工程師，左起王國肇、林緒德、楊丁元、蔡明介、萬學耘、章青駒、謝錦銘、謝開良、劉長誠

比竹科早四年　赴美取經

　　1976 年我們到美國 RCA 受訓學習半導體技術，我的任務是 IC 設計，當時設計工程師有四位，我以外還有蔡明介、王國肇，以及林緒德。

　　如果要說學習的具體成效如何，我想，

CIC0001 這顆 Programmable Timer IC 就是一項證明。這顆 IC 正是中華民國第一顆有商業價值、客戶付錢設計的「空飄氣球的定時器」IC，也是國人第一顆承接客戶委託設計的 IC（ASIC）。我跟楊丁元從客戶簡易描述的需求，決定整個系統功能開始，推想到 IC 功能，再寫成設計規格，才能進行設計。CIC0001 這顆 IC，從設計、製造，測試到封裝，都在 RCA 執行。這是一個非常重要的整合性載具，讓我們可以把整體過程的細節都能經歷到，而非每人受訓時，僅僅學到片段經驗。

紐澤西 九條好漢

到美國學習的團隊兵分多路，至今我仍保存著一張珍貴照片，是我們當年在美國紐澤西（New Jersey）受訓的九名成員合照。從左邊開始是王國肇，他是台灣第一家 IC 設計公司，太欣半導體的創始人。第二位是林緒德，他現在新竹有一家 IC 設計公司「祥采科技」。

第三位楊丁元是我們當時 IC 技術移轉團隊的總領隊，也是「IC 設計小組」的領隊。楊丁元後來在電子所示範工廠功成身退時，率領一票人出去成立華邦電子公司，當時如果讓這個團隊散掉了，是非常可惜的事。

第四位是蔡明介，如今他是 IC 設計公司，聯發科技的董事長。接下來是萬學耘，在我印象中，他好像是當時工研院電子所專利最多的人，他在工研院退休。再來是章青駒，那時他是「IC 測試小組」的領隊，章青駒後來擔任過電子所所長、華邦電子公司總經理、世界先進董事長，但很不幸在 2015 年過世了。接著是我，我旁邊是謝開良，他的任務是學會新購買測試設備的維修，是測試小組成員，他也在工研院服務至退休。

照片最右邊是劉長誠，我要特別提一下，他並不做技術移轉，他被派去美國協助當時的中央信託局採購業務。因為當時台灣的外匯管制，只要向外國採購東西，一定要經過中信局。但是中信局怎麼知道我們要買什麼東西呢？所以 RCA 推薦的設備，就由劉長誠去告訴中信局怎麼買。我們不但要做 IC 技術移轉，買東西也需要移轉技術。

設計 IC 靠 EDA 軟體工具

1982 年，當時行政院院長孫運璿視察電子所，由所長胡定華介紹國內第一套 IC 設計的電腦輔助設計（CAD）系統。我當時主管 CAD 技術發展及電腦機房，因此負責引導，坐著示範操作電腦的高國棟，現在是 IC 設計公司，盛群半導體的總經理。

在 RCA 受訓時，電子所曾派一組電腦工程師去 RCA 瞭解 CAD 電腦系統。當時楊丁元總領隊要他們能設計出能自動產生 ROM code layout 圖的程式，這是簡單的 CAD 軟體。然而因為他們不知道 layout 問題的本質，只好不了了之。

靠著 1976 年曾任職於 RCA 的 CAD 工程師谷家泰博士指導我電腦技術，讓我在 Applicon 公司 CAD 系統上完成程式，這才讓我得以在 1979 年設計出有此功能的第一個 CAD 軟體，解決了後來電子所設計 4

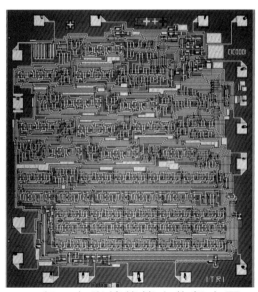

1976 年，在謝錦銘等人的努力下，第一枚國人所研發之商用 IC，編號 CIC0001 積體電路，隆重問世！

四十多年前，以 RCA 電子錶 IC 晶片做成的電子錶雛型機（吳麗元提供）

位元 MCU 布局 ROM code 的難題。

谷家泰是成大電機系校友，應該是曾繁城董事長的大學同學，當然我們後來的 CAD 軟體是買的，其中很重要的一件是向 EDA 教父級人物黃炎松董事長購買的 Dracula DRC。

電子所電子錶 IC 取代 RCA

在我準備出席 2018 年 9 月，由科技部舉辦的 IC60「產業先鋒座談會」（Pioneers Panel Discussion）之前幾個月，我的同學吳麗元博士，提供給我一張很有故事的照片，這是當年以 RCA 的電子錶 IC 晶片做成的電子錶雛型機。

吳麗元告訴我，這個電子錶雛型機除了顯示幕跟電池換過外，四十幾年了還能夠正常運作。這顆電子錶 IC 也是由 RCA 授權電子所生產的主要 IC，後來被我們自己設計的電子錶 IC 所取代。

吳麗元 1976 年在 RCA 擔任製程工程師，他是許健博士與我兩人成大物理系 56（1967）級的同班同學。為了發展電子錶，RCA 需要低電壓的 IC 製程。當時用鋁做 CMOS 電晶體的閘極，吳麗元用離子植入（Ion Implantation）的方式，來降低操作電壓，發展出 LOVAG（Low Voltage Aluminum Gate）製程。 我的印象裡，RCA 以前的 IC 是 18 伏、12 伏，後降到 5 伏，但電子錶 IC 必須降到 3 伏。LOVAG 是當年我們技術移轉的最重要製程，CIC0001 就採用此製程，此製程可說是建立我國 IC 產業的始祖。

在大學畢業九年後，吳麗元、許健與我三個同班同學竟然能在美國 RCA 總部見面，每個

孫運璿院長到工研院電子所視察，由所長胡定華介紹國內第一套 IC 設計的電腦輔助設計（CAD）系統

2018 年是 IC 發明六十週年，科技部舉辦 IC60 系列活動，謝錦銘受邀出席 IC60「產業先鋒座談會」

人都非常興奮。當時吳麗元是負責製程技術移轉的成員之一，而承接技術移轉的對象，正好就是許健同學。根據吳麗元給我的 email 說，當時他什麼都講了，沒有一點保留。巧的是，這個電子錶 IC 的設計工程師，正是吳麗元的三哥吳麗水。所以吳麗元兄弟與我們台灣 IC 產業發展可說是有著非常深的緣份。我認為吳麗元及谷家泰兩位留美學人，在我們 IC 技術移轉的過程，也有很重要的貢獻。因此我特別在 IC60「產業先鋒座談會」上，向他們公開表達感謝。

Wa-People

溝通高手不藏私
原來孔子早就說過

文：王麗娟
圖：古榮豐、李慧臻

> 張忠謀當年說他是值得培養的年輕人。工研院特聘專家羅達賢，如何成為張忠謀、胡定華、史欽泰、林垂宙、曾繁城、李鍾熙、徐爵民的得力助手？作為一位重要幕僚，究竟需要具備哪些素養？

不要推來推去　那是機會

工研院特聘專家羅達賢二十四歲時加入工研院，從電子所電子檢驗組的助理工程師開始做起。當時正是政府與產業界決心洗心 Made in Taiwan 在國際市場品質形象欠佳的年代，經濟部商品檢驗局將外銷產品的檢驗的工作，委託給工研院，只有品質過關的，才能順利出口。因此，負責品管稽核的羅達賢，足跡遍及全台灣兩、三百家公司，視野大開。

當年，品質的議題，有如現在 5G、AI 這麼夯。有一回，交通大學以「如何建立優良的品質制度」為題，邀請胡定華到校演講。時任工研院電子中心主任，並曾任交大電子系主任的胡定華面對邀請，卻說自己並非品質專家，因此婉謝出席。

這場專題演講長達三、四十分鐘，必須接在前一位講者嚴家淦副總統之後上台，因此，整個電子檢驗組由上而下，大家都不敢去。最後，還只是基層品管代表的羅達賢由於是交大畢業的，因此被推了出來！那時，羅達賢工作所需，早已把政府引進的品質制度，共三十四項、一百九十一條，背得滾瓜爛熟。所以，雖然心中「蠻緊張、但並不害怕」就接下了任務。

如今，羅達賢經常跟年輕人說，平時不必搶著出風頭，但做事情「不要推來推去，那是被認同的一個機會！不要放棄。」這場演講讓當時擔任資材部經理的宣明智，記住了這個學弟，後來採購課長一職出缺，就找羅達賢擔任。

工研院特聘專家暨中華民國科技管理學會理事長羅達賢博士

淵 X教基金會

研究傑出獎《》年輕研究

2016 年潘文淵文教基金會成立
20 週年,史欽泰董事長(左)
頒獎肯定羅達賢執行長的貢獻

系統思考　忠恕二字是關鍵

交大電子工程系畢業後，羅達賢進入外商工作，擔任德州儀器（TI）品管部主管。那時的一堂主管培訓課程，對他影響深遠。講師讓兩名學員面對面，各自描述眼前所見，結果，堅持己見的二人，甚至要吵起架來。直到講師讓兩人離開原本的位置，互換了角度，這才終能看到全貌。

「你沒有看到的，並不表示沒有，」這堂課讓羅達賢深受啟發。也讓他在往後的職涯中，成了一位具有同理心、善於溝通、深獲信賴的人。任職工研院超過四十年的羅達賢，歷任採購課長、市場組長、企畫處長、院長辦公室主任、產業學院執行長，深受歷任董事長及院長倚重。此外，許多產業大老指名要「老羅」擔任執行長或秘書長。原因無他，就是他做事總能讓人信任、放心。

「其實，就是忠恕二字而已，」羅達賢經常被問到如何獲得大老闆的信賴，他總是說，孔子早就說過了。「忠，就是盡己之力，用心聽、用心把事做好」，「恕，就是如心，站在對方的立場，為對方設想。」他強調，「做事用心，就會成為專業！」而忠、恕精神，在公司、家庭及社會隨處都可以用。

羅達賢分享了一個不為人知的例子。清華大學講座教授暨潘文淵文教基金會董事長史欽泰，自工研院院長職位退休，接任清華大學科技管理學院院長後，經常邀約傑出人士到學校EMBA演講。當他發現學校給的演講費實在太低，便悄悄加碼，自己則不拿鐘點費。

清早賣油條的童年

小學三、四年級起，身體並不強壯的羅達賢，凌晨四、五點起床，邊走路邊兜售油條，

彰化高中三年級　　交通大學電子系學士照

直到快七點鐘才準備上學，這樣的鍛鍊讓身體變好，而且「一天可以賣15~20根油條」賺錢貼補家用。羅達賢的父親是蓋房子的包工，暑假時羅達賢會去打工，因此，從小他就深刻體認「很多事情自己要投入，要靠自己」。

進了彰化中學，羅達賢的數學表現特別突出，因此決定要讀理工科。至於要讀什麼系，則還不太清楚自己的志向。「那時我們只知道國立大學台大、成大，」羅達賢鮮少離家，考上交大時，還搞不清楚交大究竟是在哪裡。進了交大電子工程系後，羅達賢自大二開始擔任家教，此後生活及學雜費就都靠自己。

彰化中學學風鼎盛，能力分班成績好的第一班同學，大多選擇醫科或理工科。許多彰中校友後來都成了出色的產業人物。施振榮、施崇棠、王振堂是彰化中學第一屆傑出校友，而羅達賢則是第三屆傑出校友。

跨領域學習　與時俱進

進入交大電子系之後，羅達賢拼命用功，但班上優秀同學實在太多，所以他的名次一直在中段程度奮鬥，這時，交大剛設立管科系，於是羅達賢就跑去修會計、經濟的課程，讓他很早就開始了跨領域學習。

潘文淵文教基金會頒發 2019 年 ERSO Award 得主

潘文淵獎獎座

潘文淵研究傑出獎獎座

在工研院工作了十一年後，羅達賢被推薦到美國南加大企管（MBA）進修，回國後不久升任為市場組長及企畫處處長。1985 年，張忠謀應孫運璿之邀，從美國到台灣接任工研院院長，給工研院帶來很多創新的改革。身為院部幕僚的羅達賢，很能體會張忠謀推動工研院改變的決心。

「每年淘汰考績最差的 5% 人員」是張忠謀最讓人膽戰心驚的管理策略。羅達賢說，美式管理風格的確給工研院帶來很大震撼，後來張忠謀不再堅持 5% 這個數字，僅實施 2~3%，但羅達賢認為，這種人才流動的精神，是讓工研院能夠保持活力、持續學習成長、做出創新的

重要關鍵。

羅達賢認為，不論是組織或個人，都必須與時俱進、不斷學習。他接著繼續深造。以第一名成績考進交大新成立的科技管理博士班，以在職進修方式、花了三年十個月，拿到國內第一屆科技管理博士學位，成為一位跨領域高階專業人才，並於 2003 年獲頒交大傑出校友。

工研院院友　金字招牌

擔任採購課長時，羅達賢一年經手經費高達七、八億元。他終能體會，為什麼宣明智會想找一個新人來自己訓練。至今羅達賢對崇越集團董事長郭智輝，以及漢民科技董事長黃民奇當年熱心勤奮的模樣，仍記憶猶新。儘管電子所一開始只給很小量的訂單，但郭智輝卻經常騎著摩托車，從台北到竹東親自送貨。等到產品通過電子所考驗，崇越等於獲得最佳見證，從此便逐步獲得業界大量採用。

1996 年，為了紀念潘文淵先生對半導體產業的貢獻，台積電、聯華電子、華邦電子與胡定華先生，捐款成立「潘文淵文教基金會」，目的是「獎勵優秀科技人才，並鼓勵年輕人勇於嘗試、開創新興產業」。

身為工研院院友會秘書長及潘文淵文教基金會執行長的羅達賢強調，工研院對竹科四十年來的發展，有兩大貢獻。一是促進新科技產業的發展，其次是專業人才的挹注。他分析，竹科 15 萬名從業人員中，約五分之一，亦即三萬人是技術職及中高階主管，其中有七千多人都來自工研院的金字招牌！

Wa-People

盧志遠
旺宏電子總經理／欣銓科技董事長

沈國榮
和大工業董事長／高鋒工業董事長

用心創新
站在世界舞台上

孫弘
盟立董事長兼總裁

方國健
麥實創投總經理

余維斌
宜特科技董事長

產業人物傳記（四）
即將出版

竹科四十 為年輕人說故事
30位產業人物分享精彩故事

作　　者：王麗娟、勾淑婉、吳非艱、江政龍、周湘雲、林錫銘、郝挺、莊子壽、
　　　　　張陸滿、陳玉鳳、鄭杏如、謝錦銘、藍玥
出版顧問：陳麗楓
主　　編：李慧臻
美術主編：陳芸芙
美　　輯：陳儀珊
圖片支援：洪琪雯
攝　　影：古榮豐、蔡鴻謀、李慧臻
編輯顧問：吳百祐、余青盈、呂宜真、李保珠、吳律頤、吳素敏、何珮琳、李葦珠、
　　　　　林佳蓉、林佩蓉、林筱瓴、林詩庭、俞明瑤、洪淑慧、高孟華、張佳琳、
　　　　　張宜如、張海喬、張祐瑋、陳怡君、陳凱怡、陳錦華、黃心寧、黃麗卿、
　　　　　楊玟欣、楊彩甄、葉正玲、詹迺萱、鄞秀玲、劉佳蓉、劉馨蔚、蔣瑋恬、
　　　　　鄭金玫、鄭郁玫、簡玉屏、羅弘旭、羅淑惠（依姓氏筆劃順序）
專案管理：王靜婷
出版公司：宏津數位科技有限公司
郵政劃撥
戶　　名：宏津數位科技有限公司
帳　　號：50258600
讀者服務：02-27936514（周一至周五 AM10:00~PM6:00）
　　　　　service@wa-people.com
印　　製：青雲印刷有限公司
總 經 銷：紅螞蟻圖書有限公司
地　　址：台北市 114 內湖區舊宗路 2 段 121 巷 19 號
電　　話：02-27953656　　　傳真：02-27954100
電 子 書：Readmoo 讀墨電子書　https：//readmoo.com/
初版一刷：2020 年 12 月
定　　價：新台幣 420 元

ISBN ：978-986-89590-3-3（平裝）
書　　號：A004

Wa-People 產業人物
www.wa-people.com

產業人物 wa-people 🔍
典藏津津有味的產業故事
wa-people.com f ▶

國家圖書館出版品預行編目（CIP）資料

竹科四十：為年輕人說故事：30 位產業人物分享精彩故事 /
王麗娟等作；李慧臻主編 . -- 初版 . --
臺北市：宏津數位科技有限公司，2020.12
128 面；21x29 公分 . --（產業人物；A004）
ISBN 978-986-89590-3-3(平裝)

1.臺灣傳記 2.科技業 3.人物志

783.32　　　　　　　　　　　　　　　　109018403